東京電力
福島第一原発事故から
10年の知見

復興する福島の科学と倫理

服部美咲

丸善出版

本書は、ウェブメディア「ＳＹＮＯＤＯＳ」内の「福島レポート」の記事をもとに、加筆・修正等を施し、まとめたものである。なお、初出日については目次に記載する。

はじめに

二〇二一年三月九日、ＵＮＳＣＥＡＲ（原子放射線の影響に関する国連科学委員会）が、原発事故後の福島県で将来的にも放射線被ばくによる健康影響は確認されないだろうと報告した。これを知ったある福島県の住民が「私たちは大丈夫。そう堂々と言えることが嬉しい。この気持ちを他県の人々に知ってほしい」と語った。

原発事故後の福島県について、過剰に不安を煽る情報が少なくなかった。それらは福島県の住民を往々にして傷つけた。特に未来への不安（「今は健康でも、いつか病気になるのではないか」「これから生まれる子供に異常が起こるのではないか」）を煽る言説は、住民の心に時に深刻な傷を残した。今回のＵＮＳＣＥＡＲの報告は、それを打ち消す国内外の科学者からのメッセージにもなった。

二〇一一年三月一一日、東日本大震災による津波により、東京電力福島第一原子力発電所（以下、福島第一原発）が事故を起こし、周辺地域に放射性物質が飛散した。

福島県の住民は、避難指示の有無にかかわらず、日常生活を送る中で、さまざまな選択を迫られた。外に洗濯物を干すかどうか。水道水を飲むかどうか。米は、野菜は、肉は、魚はどうするか。自分自身のことだけではなく、家族の健康を守らなければならない。必死で情報を集め、手探りで選択した。選択の結果が吉と出るか凶と出るか、多くの住民が不安を抱いた。将来自分や家族の健康に影響が出るのか。他の県の住民と同じように、私は子供を産めるのか……。

二〇一五年、福島県で子育てをする女性と出会った。避難指示こそ出なかったものの、近隣には避難を選択した人も少なくなかった。悩んだ末、彼女は子供とともに残った。とはいえ、「いずれ我が子の健康に影響が出るのではないか」という不安が残り、原発事故後、毎週末を「保養」として、県外で過ごす生活を続けていた。

出会って二年間、週に何度も話すうち、放射線について、「本当のところはどうなんですか」と彼女が言った。軽い口調とは裏腹の真剣なまなざしに気づいた。筆者は、原発事故後の福島県で、放射線被ばくによる健康影響を心配しなくてよいことを話した。

彼女は黙って聞いていた。最後に筆者が「よく一人で頑張りましたね」と呟くと、小さな声で「私が避難しなかったのは間違っていなかったんですね」と言い、声をあげて泣いた。そして、六年間の苦悩を打ち明けてくれた。

福島県内に住む知人には不安を相談できなかったという。一方、保養先では「福島に住むことで、あなたの子供の遺伝子が傷ついてしまった。子供は将来がんになるよ」と言われ、否定すればここにはいられないという空気も感じたという。だから、「本当のところはどうなんですか」の一言を、誰にも言えなかったのだという。

それ以来、彼女は週末の「保養」に参加しなくなった。子供は週末を福島県の地元の友人たちと過ごすようになり、明らかに笑顔が増えた。その子は「自分は放射線のことを気にしないけれど、お母さんが心配するから」と、友人の誘いをすべて断り、「保養」に行っていたのだと、あとでこっそり教えてくれた。

彼女が、当時の筆者が咄嗟《とっさ》に説明できた程度の基礎知識に触れる機会がなかったはずがない。国や自治体は、住民の「いまさら訊けない」に焦点を当て、試行錯誤してきたのだから。

筆者が伝えた知識が彼女に届いたのは、週に何度も会い、筆者の「顔」が見えていたからかもしれない。本書をインタビュー形式で構成した理由はここにある。特に科学者の語りは、時に難解でもある。それでも、その言葉の端々から、福島県民への想い、敬意、科学者としての苦悩を感じ取ることができた。彼らの語りをそのまま伝えることで、一見無味乾燥な科学的知識の「顔」が見えるのではないかと期待している。

そして、私は彼女の涙の理由をずっと考えてきた。UNSCEAR二〇二〇年報告を読んだ冒頭の知人の思いを聞き、やっと答えの一端が見えたように思う。

原発事故後の福島県では、多くの住民が、不安との闘いを強いられた。国内外の専門家によって「あなたの子供は大丈夫です」と力強く支えられた安堵を、共に喜び、孤独な闘いを労う。それこそが、一〇年目の今、福島県の住民に必要な支援なのではないだろうか。

本書で提示したテーマは、住民の不安として一度は問われたことのあるものだ。そしてこれがすべてではない。これほど多くの不安と闘ってきた人々がいる。

福島県の、原発事故後の新たな日常を築いてきた住民を、私は心から尊敬している。

二〇二一年六月

服部　美咲

目次

1　原発事故後の放射線被ばくの影響

福島第一原発事故が起きたとき、事故によって飛散した放射性物質による住民の放射線被ばくの程度と、それによる健康影響を、世界中が心配した。国内外の放射線防護や放射線医学などの専門家が福島県に入り、線量を測定し、住民の被ばく状況をチェックし、健康リスクを調べた。多くの論文が出され、それをまとめた国際的な報告も公開された。調査研究が重ねられた結果、放射線被ばく状況が当初懸念されていたほど高くなく、住民への健康影響が心配されるレベルではないことがわかっている。

一方で、直接の放射線被ばくによるものではなく、政策や避難生活などによる住民への影響が深刻であることも明らかになってきた。

本章では、原発事故による放射線被ばくとその影響、そして放射線被ばく以外の要因による住民の健康や生活への影響について考える。

科学を福島の住民の生活につなぐ

――対談　丹羽太貫氏×早野龍五氏

基準値は安全と危険の境界ではない

二〇一七年八月、放射線相談員等についての会合が福島県いわき市で開かれた。放射線相談員は、原発事故後の福島県で生活する住民が暮らしていく上でのさまざまな相談に応じるために、県内各地に配置されている。会合では、避難指示が解除された地域の相談員から、「国が除染の目標として示した年間追加被ばく線量（以下、年間）一mSvという数字、そこから算出された毎時〇・二三μSvという数字そのものが、住民の不安と不信感を煽っている」と訴える声が複数あがった（注1）。

高村昇氏（長崎大学教授）によると、二〇一七年四月に避難指示が解除された富岡町では、住民のうち「戻りたい」と回答する人は二割を切っていた。その理由として約四三％の人が「放射線不安」を挙げた上、「線量が下がれば帰還を考える」と答えた人は四八・四％にのぼり、「放射線による健康影響がないとわかれば帰還を考える」という回答（二九・三％）を大きく上回った（注2）。

硬直化した基準値が奪った豊かさ

ＩＣＲＰ（国際放射線防護委員会）は、事故などの緊急時に一般の人々が受ける放射線量の管理目標として、年間二〇～一〇〇mSvを勧告している。日本ではこの勧告に基づき、緊急時の管理目標の最小値である年間二〇mSvを避難解除の要件とした。生活を再開し、住民が生活を送る上で無理なく下げられるのであれば、年間二〇mSvから段階的に管理目標を下

注1：Sv ＝シーベルト。人が受ける被ばく線量の単位，放射線影響に関係付けられる（環境省）
1mSv ＝ 1000μSv

注2：2020 年の復興庁の意向調査報告書によれば、富岡町への帰還意向のある人は 35.3%である。高年齢層ほど高く、70 代以上では 41.3%となっている。一方で「戻らないと決めている」と回答した人は、すべての年代で過半数を超えている。また、「戻りたいが、戻ることができない」「戻らないと決めている」と回答した人の過半数が、その理由として「すでに生活基盤ができているから」としている。一方で 10 ～ 20 代では「放射線不安」が 38.1% と他の年代より高くなっている
復興庁ホームページ「原子力被災自治体における住民意向調査」[https://www.reconstruction.go.jp/topics/main-cat1/sub-cat1-4/ikoucyousa/ (2021 年 1 月 9 日閲覧)]

げていく。そしていつか、最終的には年間一mSvにしても、住民が生活に不便しないようになればよい。しかし日本では現状、このように基準値が柔軟に運用されているとはいいがたい。

二〇一一年一〇月、当時の民主党政権は、長期的な除染目標を年間一mSvとした。これにより、「年間一mSv／年」という数値があたかも「安全と危険の境界」であるかのように運用されるようになった。さらにその数値を達成するための空間線量率を「毎時〇・二三μSv」と環境省が算出し、除染の目標として公表した。このことが「その地域の空間線量率毎時〇・二三μSv」が除染するかしないかの線を引くことにもつながり、住民間の軋轢《あつれき》や不安を強めた。

除染費用は、最終的にさまざまなかたちで次世代が負担することになる。これまでにかかった除染費用は四兆円に達する見込みだ。除染土を詰めた膨大な数のフレコンバッグは、例えば二〇一七年三月末に避難指示が解除された飯舘村だけでもおよそ二〇〇万袋を超える。除染土や廃棄物等は合わせて約一四〇〇万㎥（東京ドームの約一一倍分に相当になる。黒いフレコンバッグが故郷に山積された光景は、帰還を待ち望んだ住民にとって決して心安らぐものとはいえないだろう。さらに、大熊町や双葉町に建設された中間貯蔵施設の面積は約一六㎢（渋谷区と同等の面積）であり、これは大熊町と双葉町を合わせた全面積の一割以上を占める。

基準値の硬直化した運用の弊害は除染の問題にとどまらない。「年間一mSv」という基準値から、「市場に出回る食品の五〇％が汚染されている」、つまり輸入食品以外はすべて汚染されているというおよそ現実的ではない前提のもとで、「一〇〇Bq／kg」（注3）というきわめて保守的な食品基準値が定められた。この基準値に基づく県産米の全量全袋検査は、二〇一二年から八年間続き、年あたり数十億円の予算が投入された。

野生のキノコや山菜、イノシシやシカなどでは、いまだに「一〇〇Bq／kg」という基準値を超える放射性物質が検出されることがある。

注3：Bq= ベクレル。放射性物質の量を表す単位（環境省）

除染土を詰めたフレコンバックは、2021年現在、中間貯蔵施設への輸送作業が行われている
(2018年飯館村、著者撮影)

これらの食材と関わりの深い、福島県の豊かな食文化にも、この基準値は大きな打撃を与えた。豊かな食文化は、豊かな自然とともに生きてきた住民の生活そのものである。帰還を決断して新たな日常を歩み出した住民にとっては、何にも換えがたい宝であり続けるはずのものだった。

「ALARA」は「ALAP」ではない

「QOLを投げうってでも無条件に可能な限り線量を低くするべき」（注4）という考え方は、県内外を問わず福島の住民の生活を脅かし続けている。言うまでもなく、ICRP（国際放射線防護委員会）の勧告する「ALARA」とは「As Low As Reasonably Achievable」（注5）であり、「ALAP」（注6）とはまったく異なるものである。

こういった現在の状況を踏まえ、丹羽太貫氏（放射線影響研究所理事長）、早野龍五氏（東京大学名誉教授）にお話を伺った。

丹羽氏は、ICRPの委員を務め、福島第一原発事故後には、福島の住民と国内外の専門家との対話を通して、住民が放射線と自助的に向き合うための「ダイアログセミナー（国内外の専門家を含む関係者が福島県内各地で行っている対話集会）」も始めた。早野氏は、原発事故直後から、福島の住民の外部被ばく、内部被ばくなどの測定・解析を行い、論文も発表している。また、住民一人ひとりとの対話を続け、二〇一五年からは福島の高校生を中心に放射線教育にも力を入れた。

対談
丹羽太貫氏×早野龍五氏

「日常生活が壊されたこの状況を、サイエンスだけでは助けられない」

――物理学者である早野先生と放射線生物学者である丹羽先生が、原発事故後の福島県で住民のために働かれていたのですね。

注4：Quality of lifeの略。生活の質。一人ひとりにとって幸せを感じられるような人間らしい、自分らしい生活のこと

注5：（社会的、経済的に）合理的な範囲内でできる限り低い被ばく線量を目指す

注6：As Low As Possibleの略。（無条件に）可能な限り低い線量を目指す

丹羽　私はもともと、放射線生物学で放射線の生体影響の機構解明の研究、それに、この研究が放射線防護（放射線障害を防ぐこと。主に放射線管理施設や関係法令などの政策に関わる）にどう関係しているのかということを研究しておりました。そういうわけで、私がやっていたのも純然たるサイエンスです。

――福島第一原発の事故が起こって、丹羽先生の「純然たる科学者」という部分に変化はありましたか。

丹羽　原発事故後に福島県に来て、「どんなに根拠のしっかりしたサイエンスでも、誰にも通じなければ何の役にも立たない」ということを学びました。これはぼくにとっては大切な学びでしたね。

　放射線審議会の会長でしたから、二〇一一年の三月一一日に会合の開催は不可能な中、メールでの審議が始まりました。

早野　ＩＣＲＰ（国際放射線防護委員会）の勧告する緊急時の救助活動に従事する人の線量限度が五〇〇ｍSvまたは一〇〇〇ｍSvでその下限の半分の二五〇ｍSvに設定したのでしたね。もともとこういった緊急時の放射線作業従事者の線量制限についての法律はありませんでした。現存被ばく状況（事故後の回復途上の被ばく状況）についての法律もなかった。原発事故前の二〇一〇年に丹羽先生が放射線審議会でなさろうとしていたこれらの法整備が最後までできていれば、少しは状況が違ったかもしれません。

丹羽　当時の官僚を説得できたでしょうかね。それでも当時はとにかく「現地を見ないで審議はできん、それはおかしなことや」ということで、原発事故が起きて審議会の有志を募って福島県に行きました。伊達市、飯舘村。伊達市では半澤隆宏さん（当時、伊達市生活部次長）に除染の現場も見せてもらいました。

　田中俊一先生（元原子力規制委員長）が除染

丹羽太貫
放射線生物学者。専門は放射線の遺伝的影響や発生影響。京都大卒業後、スタンフォード大学院にて放射線による内在性レトロウイルスの誘発と白血病を研究する。原発事故後は福島に移住。2015 年より放射線影響研究所

を頑張っておられた飯舘村の長泥（二〇二二年現在帰還困難区域に指定）にも行きましたけど、区長の鴫原さんのお宅は除染もしっかりされて、線量は高くなかったです。でも排水溝を測ったら測定器の針が振り切れてね。私も長いことアイソトープ（放射性同位体。本来はこれを含むものが放射性物質と呼ばれる）を使って研究しておりましたけども、針が振り切れるのを見たことがなかったから、驚きました。

鴫原さんには三、四時間お話を伺ったんです。牛小屋に行ったら、納屋にうっすら埃が積もっててね。野良仕事から帰ってくると牛がもうもう鳴き、犬がわんわんと吠えて迎えてくれる。借金も返しきれていないのに、ここで生活もできない、とのお話をお聞きして、「ああ、これはあかん」と思った。「日常生活が壊されたこの状況を、サイエンスだけでは助けられるもんやない」と思った。

またもっと現地に近いところでものを考えないといけないとも思いました。当時私は東京で小さな会社にいましたが、そこでやっていたこともそれなりに形が整った次の年には退社しました。そして運良く福島県に行くことができました。

■放射線の「セルフヘルプ」は可能か

——二〇一一年一一月から、丹羽先生は福島でダイアログセミナーを始められました（注7）。

丹羽　二〇一一年で大きかったことは、飯舘村の長泥に行ったことと、もう一つ、九月に一九八六年にチェルノブイリ原発事故を経験した旧ソ連のベラルーシを訪問したことです。ICRPの同僚だったジャック・ロシャール氏と一緒に行きました。ジャック・ロシャールという人はつねづね「自助努力」「対話」と言うんですが、私は当初はあまりピンとこなかった。対話で何かが良くなるとは信じられなかったんです。それでも、「福島は立ち直れるんやろうか」というのが一番気になっていたから、とにかく一緒にベラルーシに行ってみました。

そしたら、ベラルーシはちゃんと立ち直って

早野龍五
東京大学名誉教授。専門は原子核物理学。原発事故後、福島の住民の放射線被ばく状況を調査・解析し、論文を発表した

いた。立ち入り禁止になっている区域のすぐそばの村には若い人たちがたくさんいて、人口も少しずつ戻り始めていてね。ほっとした。「とにかく二五年経ったらリカバーするんや」って。帰国して一一月に福島県庁で、まずは地域の職員や首長にお集まりいただいて、最初のダイアログセミナーを開きました。翌年の二月に伊達市で、同年七月、一一月、年が明けて二月、とテーマを変えながら対話をしてもらいました。ICRPが専門家として入っていましたが、主役は地域住民ですし、対話のなかでとくに意見を言ったりしない。

最初から見ていると、住民の方々の意見の違いの中で、対話を通して共有できるものや具体的なアクションが取れるもの、そういったものがだんだん見えてくる。でも二〇一三年の七月に福島市で飯舘村の皆さんとの対話をテーマにして開いてみたら、コミュニティが変われば対話を通して共有できるものもまた変わるんですね。

ダイアログセミナーがうまくいったのは、線量が低いということが初めからわかっていたからでもあります。福島県の原発事故では健康影響は大きな問題じゃない、社会問題であることは明らかでした。ただ、「健康影響がない」ということをわれわれ生物学者が矢面に立ってはっきり言えば、社会問題も少しは解消できると思っていたけれど、それは傲《おご》りでした。結局、早野先生のような物理学者が一番役に立ちましたね。と言うのも、放射線の線量は数字ですから、誰とでも共有できる。でも健康影響についての判断は健康かどうかには一人ひとりの主観的価値感が含まれますので共有ができませんから。

ロシャール氏の言っていた「セルフヘルプ」は、ダイアログセミナーの基本的な主題です。その理由は明確で、放射線という目に見えないものは、対抗できず、統御できないという思いを人々に与える。自分で状況を統御できない状況に陥ると、人間は自分に自信がもてなくなり、そうなると誇りもてなくなるんです。自分が何か前向きに動くことができると、自信

注7：2015年12月でICRPによるダイアログセミナーは終了。現在開かれている同名の活動は別の運営主体によるもの

を回復することができる、前向きに動く機会が重要です。

──早野先生も、ホールボディカウンター（内部被ばく計測装置）やD-shuttle《ディシャトル》（一時間ごとの個人積算線量がわかる外部被ばく計測器）、ベビースキャン（幼児向けの内部被ばく計測装置）といったツールを使った放射線計測を通して、住民との対話を深めてこられました。

早野　ぼくは最初、ホールボディカウンターで住民の方の内部被ばくを測っていました。内部被ばく線量は、「何を食べたか」と対応していますから、住民一人ひとりと対話ができる数字です。検出されて気になる方は野生の山菜やキノコを少し我慢すれば、数カ月で出なくなります。

　それから、千代田テクノルのD-shuttleを田村市都路で帰還の準備段階で皆さんにつけて、帰還後の生活と同じように過ごしていただきました。例えば帰還して農作業をされる方には、D-shuttleをつけて実際に畑へ出て農作業をしていただいた。外部被ばく線量を一人ひとりの行動と対応させたので、とても協力して下さった方々の納得感がありました。

　でも、D-shuttleによる対話が田村市都路で成功したのは、やはりこれも実際に線量が高くなかったからです。農作業をしても何をしても大して外部被ばく線量が高くないとわかったから、納得感があった。じゃあこれをもっと線量の高い地域、年間一mSvを超えるような地域でやったら一体どうなっただろうか。特に、その当時二〇一四年には年間追加被ばく一mSvとともに「毎時〇・二三μSv」が定着しつつありました。それを超えたときに、一体どうすればよいのか。

　ぼくもロシャール氏とは何度も話し合いました。お互いに言ってることは理解できる。でも、最後のところでどうしてもわかりあえない。

　ロシャール氏が言っている「放射線のセルフヘルプ」の対象は内部被ばく線量なんですよ。でもぼくたちが今問題にしているのは外部被ばく線量なんです。内部被ばくは食べ物でコントロールできます。自分で決められる。でも外部被ばくは自分ではどうしようもない。

例えば、果樹農家が果樹園に行くと外部被ばく線量が年間追加被ばく一 m Sv を超えるとわかったとして、でも「だから果樹園には行きません」ということにはならないんですよ。だって生活しているんだから。「あなた、果樹園に行くと年間追加被ばく一 m Sv を超えるから、明日から果樹園に行くのをよしなさい」という対話は成り立たないんです。じゃあこういう場合に、放射線のセルフヘルプに一体どんな意味があるんだろう。

食べ物ならば自分でコントロールができます。ぼくらも「野生の山菜キノコをちょっと控えなさい」と言えます。今、地域に配属されておられる放射線相談員もそれなら言えるでしょう。でも、外部被ばく線量はそうはいかない。D-shuttle をつけて、年間追加被ばくが一 m Sv を超えるとわかっても、「あなたはちょっと高いですね」で止まっちゃうんです。相談員も追加除染しますなんて言えない。そんな権限は与えられていないわけです。これには、「解」がない。

「何のための放射線防護ですか」

早野 原子力規制委員会が「帰還に向けた安全・安心に関する検討チーム」を招集し、二〇一三年の秋に結論を出しました。それは、まず「年間追加被ばく二〇 m Sv 以下であること」「生活インフラが整っていること」、そして最後に「ステークホルダー（利害関係者）の合意があること」です。

この三つ目の要件が避難指示解除を難しくしました。住民の方々の集会に行くと、かたや「帰れるものなら今すぐにでも帰りたい」、かたや「月いくらかを貰いながらでも帰らないでいたい」。ステークホルダー、住民の方々の合意なんかないんです。この三つ目の要件を設定したことについて、当時検討チームの議論に参加しておられた丹羽先生はどうお考えですか。

丹羽　いや、合意なんかいらないですよ。帰りたい人は帰る。それに尽きるんじゃないですか。世界中で今難民問題が起きているけれども、「おれはここに残る、ここにしがみついてでも生きていくよ」っていう人がいなくなったら、その国は消滅するんです。例えば飯舘村はもともと入植でできた村ですね。帰りたい人が三分の一だって五分の一だって、高齢者ばかりだとしても、帰ってきたなら、帰ってきた人がもう一度ゼロから始める。それしかない。

早野　帰還までの時間が長くなればなるほど、それは難しくなりますね。

丹羽　もう、とっくに難しくなっているでしょうね。

早野　そう、とっくに難しくなってしまいました。でも、線量だけでいうならば、田村市都路で避難指示を解除した二〇一四年の段階で、すでに同じくらい線量が低くなっていた地域はた

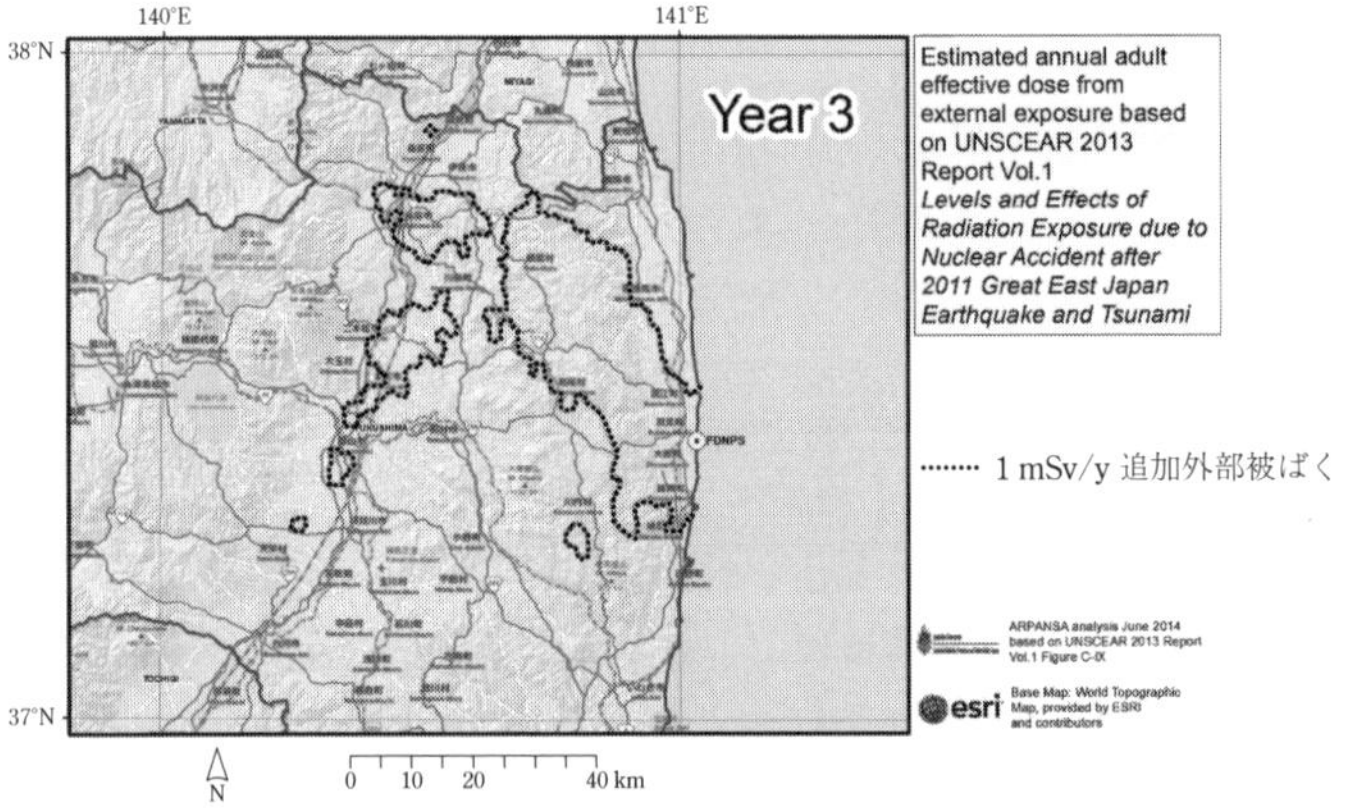

図 1：2014 年の段階で外部被ばく線量 1mSv（年間追加外部被ばく）の区域（推定）
出典：UNSCEAR2015 白書（別添）［https://www.unscear.org/docs/publications/2015/UNSCEAR_2015_WP_Attach-2.pdf (2021 年 1 月 2 日閲覧)］

くさんありました。UNSCEAR（放射線の影響に関する国連科学委員会）が二〇一五年に出した図があります（図1）。

これは、事故後三年が経過した二〇一四年の段階で、外部被ばく線量が年間追加被ばく一mSvで引かれた線です。田村市都路（二〇一四年四月避難指示解除）は一mSvの外、川内村（二〇一四年一〇月避難指示解除）もほぼ外、楢葉町（二〇一五年九月避難指示解除）も南相馬市小高区（二〇一六年七月、一部地域を除いて避難指示解除）もほぼ一mSvの外です。

これは一mSvの線ですから、もし避難指示解除の基準になる二〇mSvの線を引けば、これはもうほとんどの地域で一斉に避難指示が解除できていました。たとえばこの時期に、都路がそうしたように学校再開を含めて一斉に避難指示を解除していれば、きっともっとたくさんの人が幸せになっていたでしょう。

何のための放射線防護ですか。

事故も何も起きていない平常時は管理上一mSvにしておけばよいでしょう。でも現実的には事故が起きたんですから、住民は生活をしなければならない。生活しながらの放射線防護はもっとリアルなものであるべきです。

「ALARA」（注8）とはまさに、「放射線リスクを必ずしもゼロにしなければならないわけではない」ということのはずなのに、そしてこの六年半、専門家は常にこの意味で「ALARA」と言ってきたはずなのに、実際には一度も「ALARA」は実行されませんでした。

人々は「ALARA」の代わりに「ALAP」（注9）を実行しました。ND（不検出）じゃなければいけない、空間線量率は毎時〇・二四μSvになってはいけない。しかし、それと引き換えに壊されたものはあまりにも大きいものでした。家族を壊されたし、コミュニティを壊されたし、豊かな食文化も壊されたし、そこに住む生活の楽しみも壊されました。でもこうして線量を見てみれば、これほどのものをすべて投げ打つ必要なんてなかった。

けれども当時はそんなことを言えるような状

注8：As Low As Reasonably Achievable の略。（社会的、経済的に）合理的な範囲でできる限り低い被ばく線量を目指す

注9：As Low As Possible の略。（無条件に）可能な限り低い線量を目指す

況ではなかったし、さまざまな要素が絡み合って、結局これを言うのに六年半も経ってしまいました。今さらこんなことを言って、一体どれだけの人に伝わるか。ぼくはかなり絶望しています。

丹羽　人の心は、こうと決めたら命掛けでそっちへ突き進むという場合があるから、それはなかなか言えることじゃないです。最後の最後までぼくらが言えるとしたら、帰りたい人は帰って大いにがんばりましょうよ、ということだけじゃないですか。帰れない人もそこで大いにがんばりましょう。

▩次世代への影響は「絶対にない」

早野　福島県に事故後六年半経ってなお残る問題を二つあげるとしたら、まずは甲状腺の問題です。これはしかし、福島県で今見つかっている甲状腺がんは被ばく由来ではないということで専門家はおおむね合意している。

もう一つは、広島県で仕事をされている丹羽先生にあえてお尋ねしたいのですが、遺伝に関する不安の問題です。福島県立医科大学が行っているこころの健康調査アンケートによれば、次世代に何らかの影響があるんじゃないかと不安に思うとお答えになる方が、いまだ全体の三八％もいらっしゃる。しかし、広島県と長崎県のデータからいって、福島県における次世代への影響はありえないわけです。

丹羽　そんなのがありえたら、（放射性核種を比較的多く含む）花崗岩の多い西日本で遺伝的に問題が増えていることになってしまいます。絶対にない。

早野　絶対にない。

丹羽　自然の突然変異というのは必ず起きています。我々は通常たくさんの突然変異をもって生まれてくるわけですから。例えば放射線の照射を受けたマウスから生まれた仔マウスで突然変異のパターンを見る実験では、自然に生じる突然変異と放射線被ばくによる突然変異の区別がつくんです。

そのような実験から、放射線による突然変異で子供の世代にまで伝わるものは、ごく少ないことがわかっています。また被爆二世の方々の疫学的調査からも、ご両親の被爆が大きな影響をもたらしているという事実は見当たりません。福島県における放射線の線量の少なさから考えて、その遺伝的影響は絶対にないと言ってもよい。

しかし、どんなにないと言っても「放射線影響研究所は信用できない」と言われてしまえばそれでおしまいですから、もう我々は金槌で叩こうが、大きなハンマーで打ち壊そうとしようが、決して壊れないデータを粛々と積み上げていくしかないです。

マウスの実験結果は集まってきた。放射線被ばくと福島県の住民の健康との関係の解析結果もちゃんと出ている。時間が経過すればするほど、子供に遺伝病もがんの発症も増えていないということははっきり言えるようになってくる。

これは我々だけが言っているわけじゃなくて、小児がん、特に腎臓がんの放射線治療では、腎臓にごく近い精巣や卵巣が被ばくします。でも、こういったがんの生存者でも、子供さんを産まれている例が多いです。また、生まれた子供の疫学的解析で影響は見つかっていません。広島県、長崎県の被爆者よりもずっと高い放射線を浴びた小児がんの方々の場合でも、次世代に影響は出ていないわけです。

ましてや、福島県のようなごくごく低いリスクの地域で生活して、次世代に放射線の影響が出るはずがない。

▨ノイズに振り回されずに自分を取り戻す

――川内村のある住民の方が、「仮設住宅はあるけど、仮設の人生はない」という言い方をされたのが心に残っています。「一分一秒が自分自身のリアルな人生の時間だ」と。

丹羽 原発事故の後、政府の政策や外野からの情報が押し寄せる中で、自分の日常なのにそれが自分で制御できなくなっている状態におられる住民の方々を見ました。今、放射線の健康影響以上に大切なのは、放射線から自分の日常を取り返すことです。つまり、いったんは非日常になってしまった日常の回復です。

これさえできれば、住む場所は次の問題として考えていただければよい。すなわち福島県に住むことで放射線が気になる方は県外で暮らすことを選択すればよいのです。そしてそこで自分が主役の日常をしっかり生きる。どのような選択であってもよいから、何よりも自分が主役であることが最も重要なことです。事故にも放射線にも振り回されることなく、国の政策や外野のノイズにも振り回されることなく、バラバラになってしまった自分を拾い集め、自分を取り戻すことです。

放射線影響の元祖は広島・長崎です。かつてとんでもない線量に悩まされ、今も悩まされ続ける方がおられる広島県や長崎県で、自分の回復に成功なさった方は沢山おられます。そういった方々の人生は輝いています。私は今、広島県で仕事をしておりますので、福島県との物理的な距離ができました。そのせいか、福島県については、距離をとった見方ができるようになったのかもしれませんが。

基礎知識①

放射線被ばくはどの程度だったか

原発事故後の福島県について、知っておきたい基礎的な知識をまとめる。

まず一つ目として、そもそも原発事故による放射線被ばくがどの程度だったのかについて、二〇二一年現在わかっていることを整理する。

外部被ばく

体の外からの放射線を受けることを「外部被ばく」という。私たちは、宇宙や大地からの自然放射線を受け、その上にレントゲン撮影などの人工放射線を受けながら、生活を送っている。

外部被ばくの放射線量を知るための道具として、個々に身につける「個人線量計」がある。また、放射線の、ある空間の中での強さを「空間線量」という。ある地域の外部被ばく線量の目安を把握するために、衣類に付着した放射性物質から出る放射線を測定するサーベイメータや空気中の放射線を測定するモニタリングポストの値も参考にされる。

空間線量率は一定ではない。そのため、サーベイメータやモニタリングポストの値も常に変動している。空間線量率の変動の原因としては、放射性物質の自然減衰のほか、例えば雨が降り始めると、大気中の塵《ちり》となっている放射性物質が雨と一緒に地表に落ち、空間線量率が一時的に上がる。一方で、雨や雪で地表面が覆われると、大地からの放射線が遮蔽《しゃへい》されて、空間線量率は一時的に下がる。

環境省は、除染対象とされる地域の目安となる空間線量率を「毎時〇・二三μSv以上」とした。原発事故による追加の外部被ばく量として、長期的に年間一ｍSv以下を目指すことが宣言されたためである（注1）。

ただし、「年間一ｍSv」あるいは「毎時〇・二三μSv」という数字は、個人の健康リスクから計算されたものではないという点には注意が必要である。

もともと、原発事故などの緊急時の放射線管理目標としては、ICRP（国際放射線防護委員会）が、一般の人が居住する地域で、年間二〇〜一〇〇ｍSvという値を勧告している。

一般人の居住地域がこの勧告の下限である年間二〇ｍSvよりも高ければ、まずは年間二〇ｍSv以下にするように、除染などの努力が求められるだろう。そして、その地域で居住した場合の年間追加被ばくが二〇ｍSvを下回れば、まず一般人の居住を再開し、その上で「住民の生活に支障のない（経済的、社会的に合理的な）範囲内で」段階的に年間追加被ばく線量の目安を下げていき、いずれ年間一ｍSvを目安に追加被ばく線量を管理できることを目指すべきである。

日本では、避難指示の要件の一つとして「（一般人の居住する地域の年間追加外部被ばく線量の管理目標の下限値である）年間二〇ｍSv以下になること」があげられている。

福島県の住民の今の外部被ばく

原発事故後の福島県などいくつかの地域では、住民の生活環境の安全を守るため、放射線の外部被ばく線量が把握されている。この際、主に二つの方法がとられる。

(1)　一人ひとりが身につける「個人線量計」を使う方法

(2)　モニタリングポストやサーベイメータ、航空機などを使って計測した「空間線量」を使う方法

(1)　一人ひとりが身につける「個人線量計」を使う方法

個人線量計とは、ガラスバッジ（個人の外部被ばく線量を一定期間積算する測定器）や

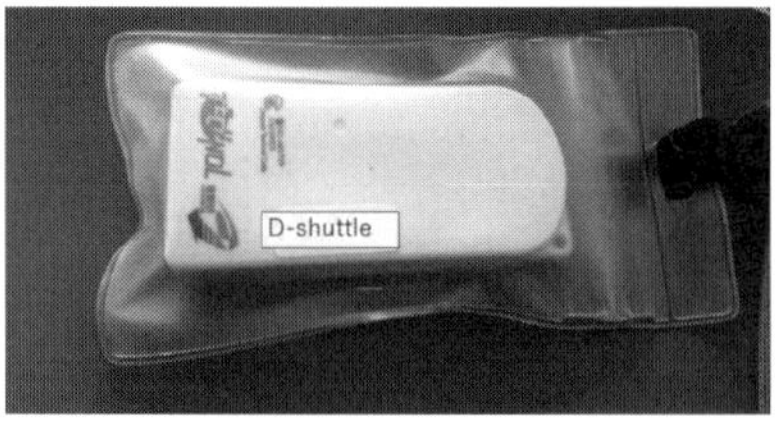

D-shuttle（著者所有）。1時間ごとの個人の外部被ばく線量を記録する測定器

注1：1mSv = 1000μSv

D-shuttle《ディシャトル》（16頁写真）などを身につけて、個人の外部被ばく線量を測定するものである。

個人線量計を使うと、屋内外を移動しながら生活する個人の外部被ばく線量を測定することができる。福島県では、住民に個人線量計を貸し出すサービスを提供している市町村もある。

(2)　モニタリングポストやサーベイメータ、航空機などで計測した「空間線量」を使う方法

原子力規制委員会などでは、役所や学校、公園といった複数の地点に設置された固定式装置（リアルタイム線量測定システムや可搬型モニタリングポスト）や航空機を使い、定期的に福島県や近隣県の空間線量を計測している。

避難指示が出ているなど、住民が生活しながら個人線量計で実測することができない場合、住居のそばの屋外（玄関先や前庭）の空間線量をこれらの装置で計測し、それを計算式にあてはめて、個人の外部被ばく線量を推計する。

空間線量から個人の外部被ばく線量を推計する場合、できるだけ実測値に近い数値が産出できることが望ましい。原発事故後、複数の研究グループが調査を継続した結果、個人線量計による測定値は、国がこれまで避難解除の検討の際使用してきた計算式に基づく推計値よりもかなり低いということがわかってきた。

例えば、産業技術総合研究所は、飯舘村《いいたてむら》の住民三八人に対してD-shuttleで個人線量を測定し、同時に住民の実際の生活上の動きをGPSで正確に把握した。そして、飯舘村で生活する住民のD-shuttleに記録された一時間ごとの個人線量と、GPSの記録などからわかる一時間ごとに住民が滞在していた地域周辺の空間線量（このときは航空機モニタリングから得られた値）を比較した（注2）。

この研究では、実際に飯舘村で生活する住民等のD-shuttleに記録された測定値は、同地域の航空機モニタリングから得られた値に比べ、一人ずつの平均で屋外では八～三六％程度、屋内では六～二七％程度だったことがわかった。

原発事故後、福島県の空間線量は下がり続けている。自然減衰や、地表に降りた放射性セシ

注2：Naito, W., et al. (2017) Measuring and assessing individual external doses during the rehabilitation phase in Iitate village after the Fukushima Daiichi nuclear power plant accident. *Journal of Radiological Protection*, 37 (3). doi: 10.1088/1361-6498/aa7359

ウム（現在の福島県に残る原発事故由来の放射性物質）が水とともに地面にしみ込み、地中からの放射線が測定点に届きにくくなる現象（ウェザリング）がその主な原因であると考えられている。現在の福島県内の多くの地域では、年間追加被ばく線量一ｍSvを超えるような状況ではない。

原発事故によって飛散した主な放射性物質は、ヨウ素一三一とセシウム一三四、セシウム一三七である（初期には、放射性テルルや放射性の希ガスもあった）。ヨウ素一三一の量は約八日で半分に減り、原発事故から一〇年が経過した二〇二一年現在、土や空気の中に存在しない。セシウム一三四は約二年で元の量の半分になり、セシウム一三七は約三〇年で半減するため、現在の空間線量はセシウム一三七によるものと考えられる。

二〇一五年に福島高校の生徒と国内およびフランス、ベラルーシやポーランドなどの高校生が共同研究し、早野龍五氏（当時、東京大学教授）の助力を得て発表した論文（注３）によれば、福島県内の高校生と、福島県外の高校生および海外の高校生が日常生活で受けている個人線量に大差がないことがわかっている。

また、坪倉正治医師（南相馬市立総合病院）による指導のもと、南相馬市が二〇一七年に、富山県、岐阜県、広島県の職員と同様の個人線量計を二週間身に着けて日常生活を送り、外部被ばく線量を測定した。その結果からも、これらの三県県と福島県とでは個人線量に大きな差がないということがわかっている（注４）。

原発事故直後の福島県の住民の被ばく線量

原発事故後の放射線による健康影響が出ないかをより正確に確認するためには、原発事故直後、最も放射線量の多い時期の、住民一人ひとりの被ばく線量を把握することが重要になる。

平時から、私たち一人ひとりが個人線量計を身につけて生活しているのであれば、原子力災害が起きた時点から、その人個人の外部被ばく線量を測定することができる。しかし、原発事故直後に、個人線量計をつけて生活している人

注３：Adachi, N., et. al. (2015) Measurement and comparison of individual external doses of high-school students living in Japan, France, Poland and Belarus—the ‘D-shuttle’ project—, doi: 10.1088/0952-4746/36/1/49

注４：Tsubokura M., et al. (2018) Comparison of external doses between radio-contaminated areas and areas with high natural terrestrial background using the individual dosimeter 'D-shuttle' 75 months after the Fukushima Daiichi nuclear power plant accident. *Journal of Radiological Protection*. 38 (1). doi: 10.1088/1361/6498/aaa147

はほぼいなかった。そのため、原発事故直後の個人の外部被ばく線量を知るためには、何らかの工夫が必要となる。

原発事故後に福島県が実施している県民健康調査のうち、「基本調査」(注5)は、原発事故後の、最も放射線量が高かった時期に県内にいた一人ひとりの外部被ばく線量を知るための調査である。この基本調査では、原発事故後四ヵ月の間に福島県内にいた人や、福島県に住民登録があった人を対象に、行動記録をもとにして個人の外部被ばく線量を推計している。

行動記録とは、原発事故の後「いつ、どこに、どのくらいの期間滞在したか」という行動記録を問診票で回答してもらうというものである。この結果と、各地点の空間線量率などのデータと併せて、四ヵ月間の一人ひとりの外部被ばく線量を計算する。

この調査の結果、放射線業務従事経験者などを除いた人の九九%以上の外部被ばく線量は、五mSv未満だったことがわかった(次頁図1)。県民健康調査検討委員会は、この結果を受けて、「放射線による健康影響があるとは考えにくい」と評価している(注6)。

空間線量と個人の被ばく線量の関係

ある地域の外部被ばく線量は、その地域に暮らす住民が、個人線量計を身につけて生活をすれば、正確に測定することができる。しかし、例えば避難指示が出て住民がまだ帰還していないような地域については、その方法がとれない。

ただし、航空機を使った空間放射線量の測定値を、外部被ばく線量に換算する方法がとられることがある。原発事故後には、航空機で測った空間放射線量を〇・六倍した値を使って、原発事故による住民の外部被ばく線量を推計していた。

政府は除染の長期目標として「原発事故で飛散した放射性物質を原因とする被ばく線量を年間一mSv未満に抑えること」を目安とした。このときも、「空間線量に〇・六を掛ける」という方法で、「原発事故由来被ばく線量：年間一mSv」を「原発事故で生じた空間線量：毎

注5：福島県立医科大学ホームページ「基本調査」
［http://fukushima-mimamori.jp/basic-survey/ (2021年1月2日閲覧)］
注6：福島県ホームページ「県民健康調査における中間取りまとめ」
［https://www.pref.fukushima.lg.jp/uploaded/attachment/158522.pdf (2021年1月2日閲覧)］

時〇・二三μSv」に換算している。この「毎時〇・二三μSv」が、住民が判断する材料として重要な「境目」としてとらえられる事例が少なくなかった。

そこで、原発事故後に得られた多くの測定データを使って、航空機で測った空間放射線量から、住民の被ばく線量を、より正確に推定するための研究がされている。

福島県立医科大学の村上道夫准教授らの研究（注7）により、この「毎時〇・二三μSv」と実際の「原発事故由来被ばく線量：年間一mSv」には大きなずれがあることが示された。

研究グループは、空間放射線量と一人ひとりの実際の外部被ばく線量との関係を調べた。空間放射線量は、原子力規制委員会が公開している航空機による測定データを使った。外部被ばく線量は、福島県南相馬市の住民が個人線量計を身につけて測定したデータ（一八歳以上が延べ一万八三九二人、一八歳未満が延べ三六五〇人）を使っている。

解析の結果、原発事故で生じた空間線量を、

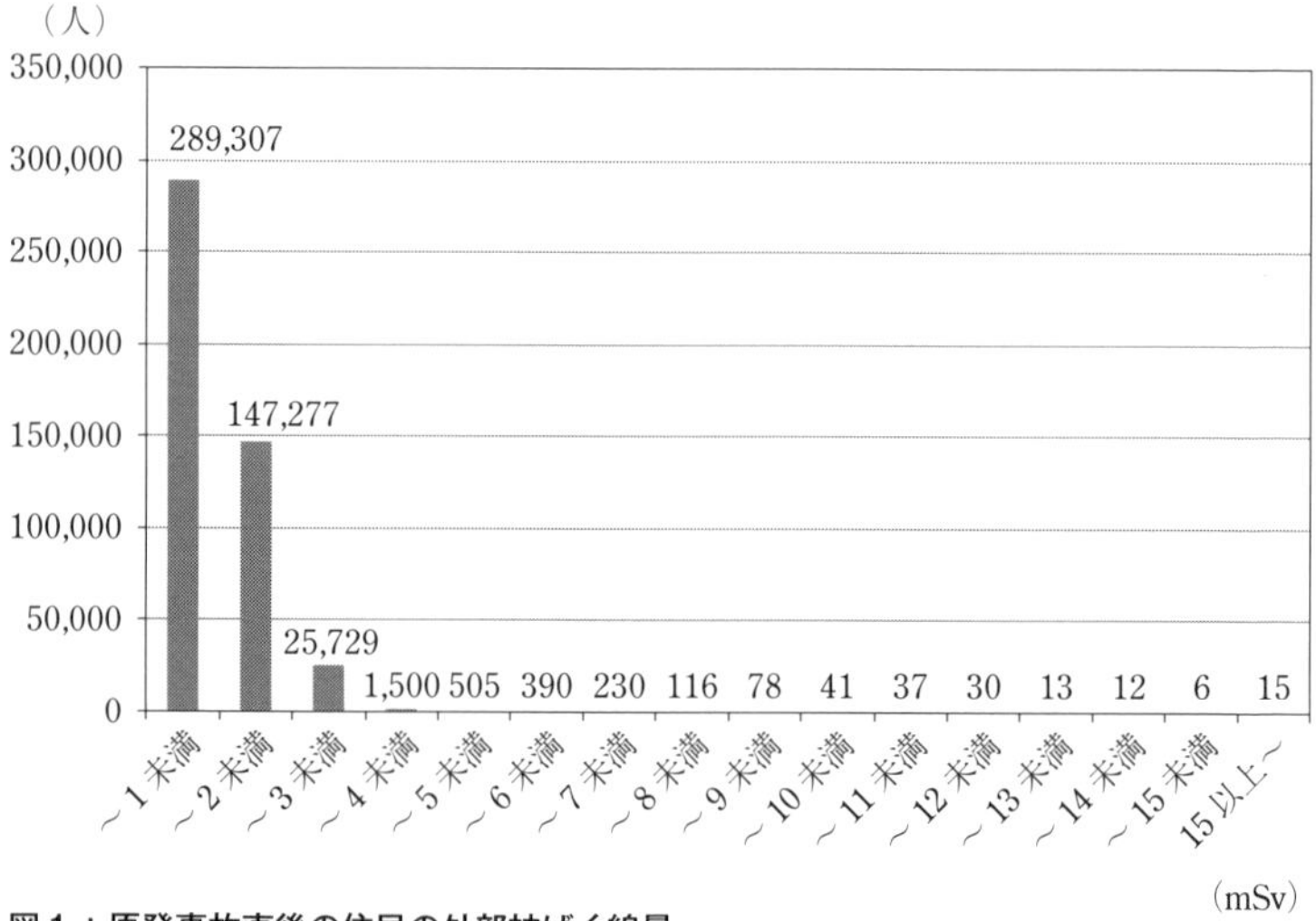

図1：原発事故直後の住民の外部被ばく線量

出典：福島県立医科大学ホームページ「基本調査」［http://fukushima-mimamori.jp/basic-survey/ (2021年1月2日閲覧)］より作成

注7：Murakami, M,. et al. (2019) Radiation doses and decontamination effects in Minamisoma city: airborne and individual monitoring after the Fukushima nuclear accident. *Journal of Radiological Protection*. 39 (4). doi: 10.1088/1361-6498/ab4e5a

一八歳以上では〇・三〇四倍、一八際未満では〇・二五〇倍することで、原発事故由来の被ばく線量が概ね推計できることがわかった。

さらに、この比率自体は一定でなく、(原発事故とは関係ない自然界からのものも含めた)空間線量に応じて変化するということも、研究は示している。

今回の研究でわかった比率を使って考えると、一八歳以上(未満)では、空間放射線量で毎時〇・四二(〇・五〇)μSvの時に、原発事故由来被ばく線量年間一mSv以下に相当することになる。

避難指示が出た地域の住民の外部被ばく線量

原発事故後、放射線被ばくを避けるため、福島県の原発周辺地域の住民に、国や町村による避難指示が出された。避難指示が解除された地域では、現在、帰還したり移住したりした人々が生活している。

こうした地域に住む人々は、生活の中で、どの程度の放射線外部被ばくをしているのだろうか?

二〇一九年二月、坪倉正治医師等のグループが、避難指示が出た地域の居住者一人一人の外部被ばく線量を測定した。分析の結果、避難指示が出た地域に居住する人の放射線の外部被ばく線量は、健康に影響するレベルにないということがわかった(注8)。

測定は、原発事故後に国や市町村による避難指示が出た浜通りの被災一二市町村(南相馬市、飯舘村、葛尾村、川俣町、田村市、浪江町、双葉町、大熊町、富岡町、楢葉町、川内村、広野町)のうち、二〇一九年二月に帰還が始まっていた一〇市町村(大熊町、双葉町以外)に実際の住民二三九名、および調査当時大熊町に住んでいた東電社員を対象に行われた。

期間は二〇一九年二月一二日から二五日までの二週間。測定にはD-shuttleが使われた。線量測定と併せて、一人ひとりの実際の生活上の行動も把握した。

この結果、避難指示が出た地域の二〇一九年の年間外部被ばく線量は、平均で〇・九三

注8：Nomura, S., et al. (2020) Low dose of external exposure among returnees to former evacuation areas: a cross-sectional all-municipality joint study following the 2011 Fukushima Daiichi nuclear power plant incident, *Journal of Radiological Protection*, 40 (1). doi: 10.1088/1361-6498/ab49ba mSvであることがわかった。これには、原発事故と関係なく私たちが環境から受ける自然放射線量（年間〇・五四mSv）も含まれている。

■内部被ばく

原発事故後、福島県民はどの程度、放射線による内部被ばくをしたのだろうか。

最も大規模な調査は、早野龍五氏らによる調査である（注9）。

まず、福島県平田村のひらた中央病院のホールボディカウンターで福島県民約三万二〇〇〇人の内部被ばく状況を調べた結果、九九％の人から、放射性セシウムによる放射線が検出されないという結果が出た（注10）。このときの検出限界値（放射線セシウムを検出できる最小値）は三〇〇Bq／人である。

この検出限界値がどの程度の数値なのか。例えば、体重六〇kgの成人の場合、放射性カリウムという放射性物質は、常に四〇〇〇Bq／人程度存在している。早野氏らの調査の検出限界値三〇〇Bq／人は、これに比べて一〇分の一以下という十分に小さい値であるといえる。そして、その三〇〇Bq／人のホールボディカウンターで検査しても、福島県で放射性セシウムが三〇〇Bq／人以上の人は一％以下だったということになる。

早野氏らは、さらに、福島第一原発から西約五〇kmにある福島県三春町の小中学生一三八三人の調査を行った。この調査は、三春町の小中学生全員を対象としているため、内部被ばくに気をつけて生活している人ばかりを検査してしまうおそれがなく、より網羅性のあるものだといえる。そして、この調査で放射性セシウムによる放射線が検出された人は一人もいなかった。

さて、最初の調査では、九九％の人から放射性セシウムによる放射線が検出されなかった。そして、検出された一％の人に共通するライフスタイルがあることもわかった。検出された人の多くは、福島県の山間部に住む高齢者で、裏山などで採れた天然のキノコや山菜、そしてイノシシなどの野生動物を日頃から食べる習慣を

注9：Hayano, R,. et al. (2013) Internal radiocesium contamination of adults and children in Fukushima 7 to 20 months after the Fukushima NPP accident as measured by extensive whole-body-counter surveys, *Proceedings of the Japan Academy, Series B*, 89 (4). doi: 10.2183/pjab.89.157

注10：ホールボディカウンターとは，内部被ばく計測装置のこと。

もっていた。とはいえ、そのように暮らす人たちで、放射性セシウムが検出された例でも、健康影響が心配されるような量の内部被ばくではなかったこともわかっている。

さらに、放射性セシウムは、代謝によってカリウムなどと同様に体外に排出される。このため、一時的に内部被ばくの検出があった人たちも、数ヵ月間天然キノコや山菜、野生動物などの摂取を控えて再度測りなおしたところ、非検出となった。

福島第一原発事故による市場流通の食物への影響は？

厚生労働省が二〇一一年九月から、全国各地で流通する食品二〇〇種類程度を購入し、放射性セシウムを測定している（生鮮食品はできるだけ地元産・近隣産のものを購入。注11）。測定方法はマーケットバスケット調査方式で、購入した食品を使って簡単な調理をし、一般的な家庭の食事を再現、それらを混合して測定するというものだ。

この測定結果をもとに、食品から人が一年間に受ける放射線量が計算される。例えば、二〇一六年九～一〇月の測定からは、福島県全域を含む全国一五地域で、食事中の放射性セシウムから一年間に受ける追加被ばく線量は、〇・〇〇〇七～〇・〇〇一四mSvであることがわかった。これは、放射能濃度の基準値の設定根拠である年間一mSvの一％以下の線量に値する。

文部科学省は、二〇一二年三月から、学校給食で提供される食事の一食分を毎日まるごと検査している（注12）。例えば二〇一六年の一年間では、学校給食から放射性セシウムが検出された件数は〇件である（検出限界値一Bq／kg）。

福島県産の食品への住民の不安は？

原発事故後、放射線の内部被ばくを避けるため、一部の農林水産物の出荷が制限された。その後、一定期間国の放射能濃度の基準値（一〇〇Bq／kg）を下回るなど、安全が確認された食品について、出荷制限は解除されている。

注11：厚生労働省ホームページ「東日本大震災関連情報　食品中の放射性物質」
［https://www.mhlw.go.jp/shinsai_jouhou/shokuhin.html（2021年4月16日閲覧）］

注12：文部科学省ホームページ「学校給食における放射性物質の検査結果」
［http://www.mext.go.jp/a_menu/saigaijohou/syousai/1331439.htm（2021年1月2日閲覧）］

一方で、福島県に住む人の福島県産食品の放射能についての不安はどのようであるか。

福島県立医科大学の竹林由武氏（助教）や南相馬市立総合病院の坪倉正治氏らの研究グループが、福島県南相馬市の小中学生の保護者を対象に、福島県産の食品を避けているかどうかをアンケート調査した（注13）。

原発事故後、二〇一五年までは、福島県産の食品を避けている傾向の改善はわずかだった（二〇一二～二〇一五年で四～一五％の改善）が、原発事故から五年後の二〇一六年に、大幅に改善した（二〇一五～二〇一六年で一五～二七％の改善）。

避難指示が解除されたり、避難指示が解除された地域で農業が再開したりした時期と、福島県産食品を避ける人の割合が大きく減った時期とが重なっている点には注目したい。

また、福島県産の食品を避ける傾向を、原発事故後から年を追って調べたところ、原発事故後初期から不安があまり高くなく、その後さらに不安が減っていく「低不安改善型」、原発事故後初期の不安は高かったものの、その後不安が減っていく「高不安改善型」、そして原発事故後初期の不安が高く、その後も不安が続く「高不安維持型」の三つのパターンに分かれたという。

今回調査の対象とされたキノコ、牛乳、野菜、果物、肉、魚、米のうち、キノコ、魚、米では、「高不安維持型」の割合が高いことがわかった。また、原発事故当時に住んでいた地域の空間線量率が高かった人ほど、「高不安維持型」の割合が高い傾向にあることもわかった。

研究グループは、「震災後継続的に実施された（また現在もされている）除染活動や放射線に対するリスクコミュニケーション活動に加えて、避難指示解除や営農再開等の行政的な意思決定が、福島県産食品を回避する傾向の改善に寄与している可能性がある」としている。

また、「高不安維持型」については、福島県産の食品を回避する行動を無理に変えようとするのではなく、地域社会で孤立せずに暮らせるようなサポートが必要であるとコメントしてい

注13：Takebayashi, Y., et al. (2020) The trajectories of local food avoidance after the Fukushima Daiichi nuclear plant disaster: A five-year prospective cohort study, *International Journal of Disaster Risk Reduction* 46. doi: 10.1016/j.iidrr.2020.101513

る。

福島県の水道水は飲んでも安全か?

原発事故後、福島県の住民から水道水の安全性に対する不安の声があがった。私たちの生活に欠かせない水道水は、原発事故の後も安全だろうか? 答えは明らかで、「とても安全性が高く、もちろん飲んでも問題ない」と言える。

福島県では、非常にわずかな放射性物質も検出する測定装置(ゲルマニウム半導体検出装置)を使って、福島県内の水道水源ごとの浄水場の浄水や、配水管の末端など、給水域全体を代表できる場所から採水し、定期的に検査している。

その頻度は地域ごとに分れており、放射性物質の飛散量が県内では比較的多かった浜通り地方では週に三回、逆に原発からの距離が遠く当初から汚染の心配がなかった南会津地域でも月に一回(同様に距離が離れている会津地域や県南では週に二回)、福島市や郡山市など県北県中地域では週に一回となっている。

水道水の放射能濃度の管理目標値として、放射性セシウム(セシウム一三四とセシウム一三七の合計)は一〇Bq/kgと定められている。放射性セシウムは、二〇一一年五月以降、一度も検出限界値(一Bq/kg)を超えて検出されたことはない(注14)。

水道水が汚染を免《まぬが》れた理由は、放射性セシウムの性質にもある。放射性セシウムは、泥に強くくっつく性質をもつ。水道水は、水源から引いてきた水中の泥を沈殿させ、その上澄みをさらにろ過し、消毒して、私たちのもとへ送られている。水道水がこういった過程を経るため、泥と結合する放射性セシウムはそもそも水道水には含まれにくい。

さらに、放射性セシウムは、地面の中で泥と結び付き、地中深くまで浸透することができない。このため、井戸水のように深い場所から引いた水にも放射性物質は含まれない。福島県内では井戸水を生活用水として使う地域もあるが、そういった地域でも心配はいらないといえる。

福島県の家庭で日常的に使う飲料水として、

注14:福島県ホームページ「水道水の放射性物質検査に関するQ&A」
[http://www.pref.fukushima.lg.jp/site/portal/25-1.html (2021年1月2日閲覧)]

ミネラルウォーター、水道水、そして井戸水があげられる。どの水を常用している人でも、内部被ばく量に変化がないことが、これまでの内部被ばく測定からも明らかになっている。

暮らしのための科学の言葉を探す

——坪倉正治氏　インタビュー

原発事故から一〇年が経ち、住民の平均寿命や出生率が原発事故前よりも伸びるなど、良いニュースも少なくない。一方、長期避難によるストレス、生活環境の急激な変化による生活習慣病など、今なお県民の健康面に課題は残る。

坪倉正治氏は、原発事故の直後に福島で医療活動を開始した。現在は南相馬市立総合病院や相馬中央病院など県内複数の医療機関で診療を続けながら、すでに一〇〇本に近い論文を発表している。また、福島の住民とともに県内各地域の課題解決に取り組み、県内外で放射線の健康影響に関する講演や勉強会も継続している。

地域で集めたデータを地域に役立てる

——震災後、福島県にいらっしゃった経緯をお聞かせ下さい。

坪倉　ぼくは当時、大学院生だったのですが、二〇一一年四月に、地の利がある友人に案内を頼み、まずは南相馬市に入りました。右も左もわからずに南相馬市役所に行き、ちょうどそこでお会いした白衣の方に、「ぼくも医者なんですが、何かできることはありますか」と声を掛けました。当時南相馬市立総合病院で副院長をされていた及川友好先生（現病院院長）でした。及川先生のご指示で避難所の活動を手伝い、そのご縁で南相馬市立総合病院に勤めるようになりました。

——福島県でお仕事をする際、大切にされてきたことはありますか。

坪倉　心掛けてきたのは、「地域で集めたデー

坪倉正治
福島県立医科大学教授。東京大学医学部卒業。2011年南相馬市立総合病院非常勤医となり、以来、県内の複数の病院で診療に当たる。2019年4月から現職

タを地域に役立てる」ということです。公衆衛生（社会全体の健康問題を扱う活動）は「地域の医療ニーズを聞き取り、地域の健康対策に反映する」というサイクルとしてあるべきだと思っています。「出された政策ありきで、それを担保するためにデータを集める」という方向からは、地域住民の生活に役立つ医療のサイクルはつくれません。

医療ニーズは地域ごとに異なりますので、福島県全体ではなく地域ごとに取り組む必要があります。ただし、「データや結論ありきで地域住民に説明をする」のではなく、「まず地域住民一人ひとりの医療ニーズを聞き取り、課題解決に必要なデータを集める」という考え方は、まだ十分に根づいていません。データを集める前の段階として、各地域の行政担当者との信頼関係を築くことを大切にしています。

――「地域の状況をデータ化して地域に返す」というサイクルをつくる上で、難しいと感じることはありますか。

坪倉　「医療では課題の根本的な解決ができない」という結論に至るケースが少なくないということです。経済的、歴史的経緯に深く結びついている課題など、「医療」だけでは太刀打ちできないことがよくあります。この難しさに取り組むために、南相馬市や相馬市では、行政とも協働したプロジェクトチームが現在動き始めています。

一人ひとりにとっての「故郷」

――「科学的な事実を知る」ことと「福島県での日常を安心して健やかに過ごす」ことをつなげるために、大切にしていることはありますか。

坪倉　「相手のバックグラウンドを尊重する」ということです。科学的な事実を一方的に押しつけるのではなく、相手が何を思い、どのような日常を送り、何を大切にしているのかを、知ろうとすることを心掛けています。

もう一つ、「科学的なデータは、多かれ少なかれ誰かを傷つけるものだ」ということを忘れないでいようと思っています。もちろん、国や行政が政治的な方針を決める際には、科学的なデータは欠かせません。しかし、地域の住民にとっては必ずしもそうではないでしょう。

ただ、科学的にわかっていることを共有するとき、データを示すことによって、相手の心に届きやすくなる場合はあります。例えば、「福島県民は健康影響が出るような内部被ばくをしていない」ということがわかっています。これを証明する科学的根拠としては、福島県の住民の内部被ばく線量や福島県産の食品および水道水の放射能濃度を測定して「不検出です」といえば十分です。

しかし、実際に福島県の人々が「健康影響が出るような内部被ばくをしていないんだ」という納得感をもって生活するためには、それでは十分とはいえません。福島県の水道水の放射能濃度を測定して「不検出です」という結果を示すだけではなく、実際に福島県の水道水を飲んで生活している住民の内部被ばく線量も測定して、データを示すことによって、住民の納得感を得られたこともあります。

どんなデータを取れば、科学的にわかっていることを、生活実感として住民と共有できるのか。それを探すのが、ぼくの福島県での大切な仕事だと思っています。

――「住民が納得感をもって生活するのに役立つデータ」はどのように見つけているのでしょうか。

坪倉　これは、ぼくたち自身が地域にしっかり腰をおろして、一人ひとりと日常的に接していないと見つからない、「データ」というよりは「言葉」に近いものだと思っています。診察や小規模の勉強会などで、長い間地域の方々と接していると、「この言葉は伝わりにくいな」とか、「この人にはこの言葉が届くかもしれないな」という感覚が、肌でわかることがあります。

福島県では、住民一人ひとりが、それぞれに深い悩みを抱えながら日常生活を営んでいます。その悩みに耳を傾けながら、ぼくは今も、住民の方々と共有できる言葉を探しています。

半年考えて、ようやく一つの言葉が見つかるかどうか。地道な作業ですが、近道はないと思っています。

――では、必ずしも住民の生活の役に立つとは限らないようなデータもありますか。

坪倉　原発事故後に、国が国民の年間追加被ばく線量の長期目標を一mSvに設定しました。この目標値が厳しすぎたために福島県の住民の生活に支障が出たという指摘もあります。でも、科学的妥当性に基づいて、今からこれを変えても、住民の生活の役には立たないかもしれません。あるいは、年間追加被ばく線量の長期目標を一mSvとしても、空間線量率を毎時〇・二三μSvにまで下げる必要はないということが、科学的にはわかっています。しかし、この研究結果を伝える相手も、しっかり見定めなければなりません。

もちろん、これから帰還しようとする人や、すでに帰還して生活を営んでいる人にとっては、この結果が役に立つ場合があるかもしれません。しかし、だからといって、そういう立場の住民全体に対して、一律に伝えてよいことではないとも思います。一人ひとりの個人的な事情をよく聞き取って、全体にではなく、個別に伝えるかどうかを慎重に考えなければ、かえって傷つけてしまう人もいるかもしれません。

話し合うべきなのは「基準値そのものをどうするか」ではありません。住民一人ひとりの故郷や日常というかけがえのないものを、単に基準値の問題にしてしまわないということがとても大切だと思います。

住民の思う「故郷」とは何でしょうか。それは、きっと一人ひとり少しずつ異なるものであるはずです。思い浮かべる顔や景色、空気、匂い、味、生活の音……、少なくともぼくらの思う「故郷」とは、多くの場合素っ気ない数字で表せるものではないのではないでしょうか。

■放射線の健康影響の「相場観」

――福島県の山間部の地域では、豊かな山の幸に恵まれた食文化が「故郷」を象徴する大切なものの一つでした。しかし、野生のキノコや山菜を食べることによる内部被ばくを心配される方は今も多いようです。

坪倉　内部被ばくについては、当初相場観が掴めずに不安になっているケースが少なくありませんでした。科学者も「内部被ばく線量は高くない」とは言えますが、「ゼロです」と言うことはできません。そもそも放射性カリウムなどの放射性物質は、多くの食品に含まれているものでもあります。

　放射性セシウムが含まれていても、健康に影響しないレベルならば、少なくとも国の基準値（一〇〇Bq／kg）以下ならば、科学的にはまったく「高くない」といえます。

　しかし、「食べ物には、放射性物質がだいたいこれくらいは含まれているものだ」というような相場観がない状態で、「高くありません」と言われても、当然納得はできないでしょう。当初、スーパーマーケットに流通する農産物とは異なり、野生のキノコや山菜、それらを主食とするイノシシ肉などから、基準値を超えて放射性物質が検出されることが少なくありませんでした。

　そこで、放射性物質と食の相場観について、「野生のキノコや山菜を食べなければ大丈夫」という言い方がよくされました。「野生のキノコや山菜と比較すれば、市場に流通している栽培された農林水産物には問題がない」という説明です。この比較は、スーパーに流通しているものを食べて生活している福島県の住民にとって、「何を食べて生活すればよいのか」という相場観をもつのに役立ったようです。

　しかし、原発事故後、この比較がさまざまな場面で行われたために、現在山間部の故郷に帰還した住民の方々が、放射能濃度がたとえ基準値を超えていなくても、「野生のキノコや山菜を食べたり贈ったりできない」という悲しみを味わっておられます。

――福島県の山間部の、野生の山菜やキノコを食

福島県双葉郡川内村。モリアオガエルの繁殖地として国の天然記念物に指定される平伏《へぶす》沼《ぬま》のそばを流れる千扇川

べたり贈ったりするという大切な地域文化を取り戻すためにできることはありますか。

坪倉　二〇一七年以降、ぼく自身は「野生の山菜キノコを日常的に食べても、健康影響が出るような内部被ばくはしません」という話をするようになってきました。

例えば最近は、ご本人の承諾を得て、福島県内の避難指示が出た山中に住み続け、野生のキノコや山菜を長らく主食にしておられたある高齢者のお話をすることがあります。

この方は、放射線とは関係のない理由で病院に搬送されてきました。その際に生活の様子をうかがって驚き、ご本人にご承諾いただいた上で、内部被ばくを測らせていただきました。すると、実効線量に換算して最大で年間約〇・三mSvの追加被ばく線量であることがわかりました。比較的線量が高く、避難指示も出た地域の山中に住み、スーパーで食べ物を買うのではなく、野生のキノコや山菜を主食に生活しておられる方の追加被ばく線量がこの程度で済んでいるという例です。

この例をお伝えすると、「野生のキノコや山菜」と内部被ばくとの関係についての相場観を掴まれる方は少なくありません。しかし、野生のキノコや山菜を「主食にする生活」と「ときどき食べる生活」とを「比較する」という話の構造は、「野生のキノコや山菜」と「市場に流通している農産物」とを「比較する」という構造と、基本的には変わりがありません。「より多くの住民の生活パターンと、少し異なる生活パターンとを比較する」という構造です。

これは、結局、「福島県で、何も気にせず、どこでも自由に住み、何でも好きなものを好きなように食べて生活する」ということの否定につながってしまいます。しかし、「比較」をせずに生活の相場観を把握するのは難しいのも事実です。

住民の苦労をなかったことにはしたくない

――これまで、地域での取組みや診察のほかにも、多くの論文を発表され、放射線と健康影響についての講演や周知活動にも携わってこられました。

坪倉　原発事故後の福島県では、生活環境の急激な変化によるストレスや生活習慣病など、二次的な健康被害がたくさん起こっています。「地域住民の方々の苦労をなかったことにはしたくない」という思いから、ぼくは論文を書いて残すようにしています。

講演も、原発事故後初期には毎週二回ずつ行なっていたこともあります。ただ、原発事故直後から七年が経過し、講演内容のニーズに変化も感じています。今は原発事故直後に比べ、放射線の健康影響をメインのテーマにお話をする機会はとても少なくなりました。最近は、放射線の健康影響とは別のテーマについて詳しい方の講演をサポートすることが増えています。

――放射線の健康影響についての講演が減った背景について、どのようにお考えでしょうか。

坪倉　放射線の健康影響についての正しい情報が普及・浸透してきたというより、「放射線と健康影響についての知識を得たい」という聞き手のニーズそのものが減ってきたという印象をもっています。

ぼくたちの仕事は、住民のニーズを無視して「放射線についての正しい知識が大事です」と主張することではなく、住民が今まさに日常生活で直面している「知りたいこと」に耳を傾け、住民の生活に役立つデータを取り、その結果をわかりやすく伝えることです。

――放射線と健康影響について知りたいというニーズが前面にあったのはいつ頃のことですか。

坪倉　放射線被ばく線量について知りたいというニーズが多かったのは、現場の実感としては、二〇一二年の秋頃までです。原発事故から一年ほどが経過して、内部被ばく線量や外部被ばく線量の実測値が各市町村からも出揃って、大多数の住民が納得して生活できるようになってきた時期です。ホールボディカウンターなどの受診希望者の数が急激に減った時期も一致します。

そして、反比例するように「甲状腺がんについて知りたい」というニーズが前面に出てきました。今はそのニーズもほとんどありません。


――内部被ばくや外部被ばくの量についての認識は、一年ほどでかなり浸透したということですね。一方で甲状腺がんについては、原発事故から八年目（インタビュー当時）を迎えた今も、住民の関心は薄れても不安自体は拭いきれていないようです。内部被ばく、外部被ばくの問題と甲状腺がんの問題との違いはありますか。


坪倉　甲状腺がんは医療の問題ですから、そもそも関わることのできる人の数が非常に少ないという原理的な要因があげられると思います。

内部被ばくの場合、福島の各市町村がそれぞれ食品の放射能濃度やホールボディカウンターによる内部被ばく線量を測定することができました。その結果、「福島の各地域の食品中の放射能濃度や住民の内部被ばく線量がどのくらいか」というデータがたくさん出てきて、相場観や納得感を共有しやすかったんです。外部被ばく線量も、やはりリアルタイム線量測定システムがあちこちにあって公表していたり、ガラスバッジやD-shuttleのような個人線量計の値が集計されたりして、やはり全体としての相場観や納得感が共有できました。

しかし、甲状腺がんは個人の健康問題ですから、被ばく線量のように「皆で測ってだいたいの相場観を自然に掴む」ということができません。医療機関が一定の判断基準で診断して、結果も一括管理することになります。ばらばらの基準をもって各地で検査と登録をすれば、住民に非常な不安と混乱を招いたでしょう。

だからこそ、原発事故後の福島県の子供の甲状腺の被ばく線量が、「甲状腺がんになるのではないか」と特別な心配をするほど高くないことや、そもそもの甲状腺がんの治療のしやすさ、死亡率の低さなどの基本的な情報を、より丁寧に医療者が伝えていくことが大切だと思います。

いずれ全国で起こる課題が今、福島県で起きている

――坪倉先生は、南相馬市や相馬市をはじめ、県内の多くの地域で調査・研究をされてきました。今の「福島県の課題」とはなんでしょうか。

坪倉　原発事故後を俯瞰すれば、原発事故直後の三カ月間で最も多く人の命が失われました。特に、原発事故直後の短期的な避難によって亡くなった方が一番多かったことがわかっています。そして今は、長期的な避難によって、人と人とのつながりが失われてしまったために、住民の健康的な生活が損なわれたということが問題になっています。

例えば長期的な原発事故の影響を、「医学」という切り口で見れば「糖尿病にかかる人の増加」ということになりますし、「精神医学」という切り口で見れば「うつ病や自殺リスクの増加」ということにもなるでしょう。それぞれの分野によって異なる名前で呼ばれていますが、課題の本質は共通していると思います。

――その課題は、政策にどのように反映されるべきでしょうか。

坪倉　難しいことですが、少なくとも「解決法は関連性の中に見つけるべきだ」とは思います。例えば、若い人が避難した→そのまま避難先に移住した→高齢者が独居状態になった→移動手段がなくて孤立した→生活習慣が不健康になった→糖尿病が増加した、というように、幾つかの問題が一連の関連性をもっているとします。

ここで「糖尿病は食生活の乱れによる病気なので、食生活を見直すべきです」「移動手段がないのであれば、高齢者にタクシー券を配ります」と、単に問題の一つを切り出すだけでは、根本的な解決にはなりません。あるいは、「家族が揃えば高齢者の食生活が乱れないなら、家族全員が揃うようにしよう」という選択ができない事情を抱えた方々も大勢いらっしゃいます。

一つの問題を単純に切り出すのではなく、一連の関連性を保った上で、どのような解決法を見出せるのか。これは、福島県だけが抱える問題ではありません。これから社会が高齢化していく上で、国民全員が通る道です。福島県だけではなく、国民が皆でさまざまな立場から知恵を出し合わなければならないことだと思います。

基礎知識②

放射線被ばくの健康影響はあるか

原発事故後の福島県について、知っておきたい基礎知識の二つ目は、原発事故による放射線被ばくが住民の健康に影響しているのかどうかということだ。

まず、事故後すぐに放射線被ばくによって病気になったり亡くなったりした人は一人もいない。また、原発事故から一〇年が経過した今も、放射線被ばくによって病気になったり亡くなったりした人は一人も確認されていない。さらに、原発事故後に生まれた子供に、放射線被ばくによる何らかの異常が増えたという事実もない。

原発事故後の福島県で、直接の影響（確定的影響）、後発的な影響（がんなど）、そして次世代への影響は、いずれも確認されていない。また、今後も確認されないだろうと考えられる（注1、2）。その点をもう少し詳しくみていこう。

確定的影響

放射線は、受ける量によっては、人の健康に影響を及ぼすことがある。放射線被ばく量によって、その影響は「確定的影響」と「確率的影響」に分けられる（次頁図1）。まず、比較的多くの放射線を受けて起こり得る影響（確定的影響）について考える。

確定的影響とは、全身や体の一部に一度にたくさんの放射線を受けたために、体の組織が直接ダメージを受けることをいう。ある量以上の放射線を浴びると現れること（逆にある量以下では現れないこと）、また、被ばく線量が多くなるほど症状が大きく出るなどの特徴がある。

注1：UNSCEAR2020 報告書
［https://www.unscear.org/unscear/en/fukushima.html (2021 年 4 月 16 日閲覧)］

注2：UNSCEAR2013 報告書
［https://www.unscear.org/docs/reports/2013/14-02678_Report_2013_MainText_JP.pdf (2021 年 1 月 9 日閲覧)］

　確定的影響では、皮膚のやけどや紅斑《こうはん》、脱毛、出血や白血球の減少（造血機能の低下）などの組織反応が翌日～数カ月の間に起こるほか、数年後に白内障を起こすこともある。

　確定的影響は、一度にたくさんの放射線に被ばくすれば起こり得る一方で、ある量以下の被ばくであれば起こらない。この量を、しきい値（発症に必要な最小限の放射線量）という。

　例えば、確定的影響のうちでも比較的低い線量で起こり得る「男性の一時的不妊」のしきい値は一五〇～二〇〇ｍSvである。ただ、生殖腺の細胞は代謝が活発であるため、受けた線量によって幅はあるが、数カ月～二年ほどで失われた機能は回復する。

　ところが、三五〇〇～六〇〇〇ｍSvの放射線を生殖腺に一度に受けると、永久不妊になるリスクが出てくる。同じく三〇〇〇～五〇〇〇ｍSv以上の放射線を、全身に一度に受ければ、造血機能や消化管に障害を負い、もし救命医療措置をしなければ、浴びた人の半数以上が亡くなる。

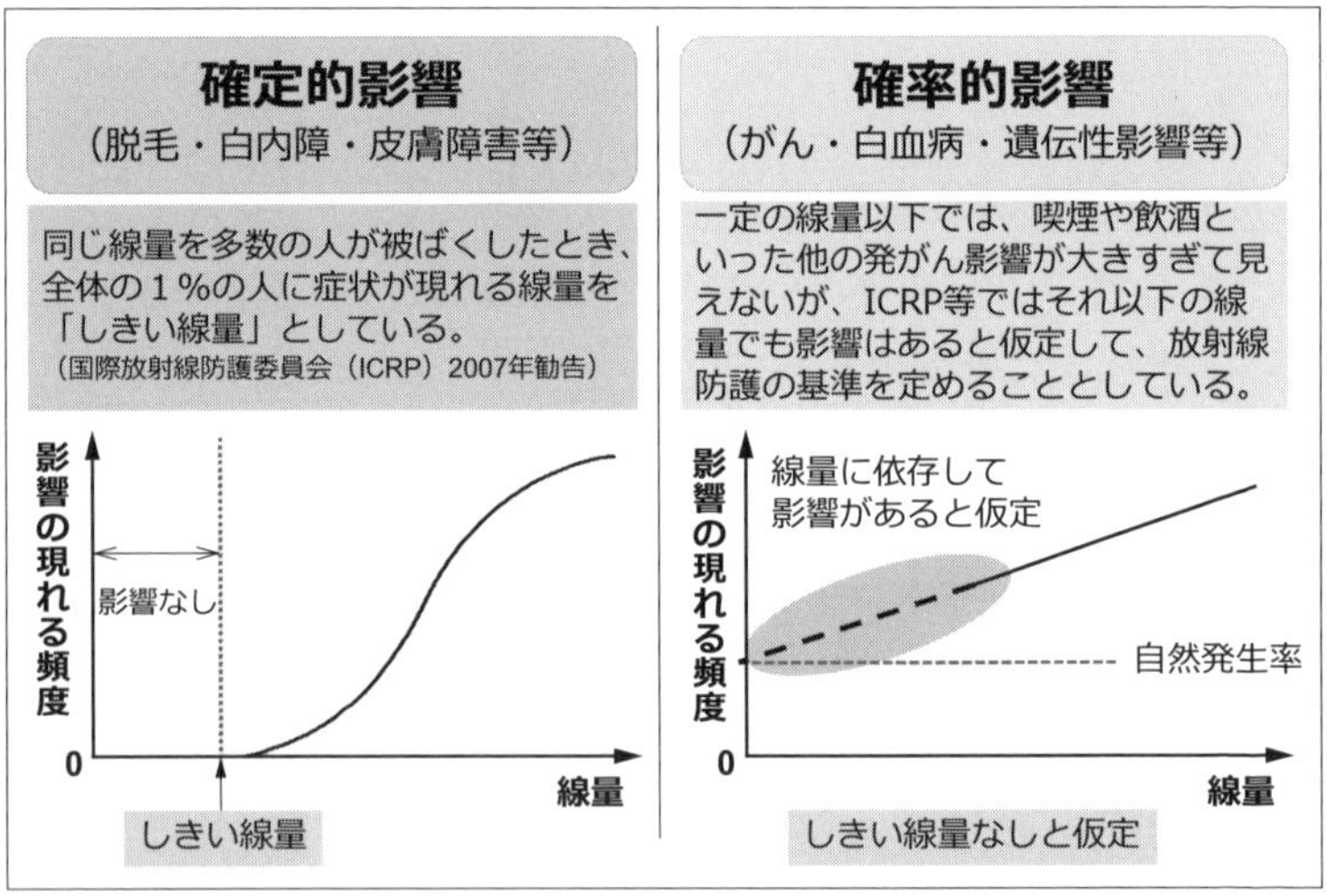
確定的影響
（脱毛・白内障・皮膚障害等）
同じ線量を多数の人が被ばくしたとき、全体の１%の人に症状が現れる線量を「しきい線量」としている。
（国際放射線防護委員会（ICRP）2007年勧告）
影響の現れる頻度
影響なし
0
線量
しきい線量
確率的影響
（がん・白血病・遺伝性影響等）
一定の線量以下では、喫煙や飲酒といった他の発がん影響が大きすぎて見えないが、ICRP等ではそれ以下の線量でも影響はあると仮定して、放射線防護の基準を定めることとしている。
影響の現れる頻度
線量に依存して影響があると仮定
自然発生率
0
線量
しきい線量なしと仮定

図１：放射線被ばくの確定的影響と確率的影響

出典：環境省「放射線による健康影響等に関する統一的な基礎資料（平成30年度版）」［http://www.env.go.jp/chemi/rhm/h30kisoshiryo/h30kiso-03-01-04.html (2021年1月10日閲覧)］

このように、放射線は、受ける量とともに、受け方によっても、その影響が異なる。

前置きが長くなったが、原発事故では、確定的影響が出るような量の被ばくをした一般住民はいなかった。初期の作業員が、作業中に汚染水の水たまりに踏み込み、やけどを負ったという報道があったものの、そのほかには、現場の作業員にも確定的影響は出ていない（前掲注2）。

確率的影響

次に、後発的な影響（確率的影響）はどうだっただろうか。確率的影響は、白血病を含むがんなどを指す。

確定的影響では、「この線量以上なら影響が出るが、この線量以下ならば出ない」というしきい値があり、そしてその影響の強さは、受けた線量に比例することがわかっている。では、確率的影響ではどうだろうか。

第二次世界大戦の折、原子力爆弾投下の被害を受けた広島県や長崎県において、ほぼ七〇年にわたり一〇万人規模の人たちを対象とした調査が継続的に行われている。この調査によると、およそ二〇〇mSv～二〇〇〇mSvの範囲では、放射線を原因とした発がんリスクがほぼ線量に比例して増加することがわかっている。

では、確定的影響のような「しきい値」はどうだろうか。

現代の日本人の二～三人に一人は、一生のうちに何らかのがんに罹患するといわれている。がんの原因は、加齢が最大のものである。そのほか、感染症や遺伝、生活習慣など、無数の要素が絡み合って、がんは現れると考えられる。

放射線被ばくも、発がんのリスク要因となり得る。ただ、一〇〇mSvよりも低い線量では、先にあげた加齢や感染症や遺伝などの、放射線以外の要素の影響の方が大きいため、その発がんに放射線がどの程度関係しているのかを統計的に検出することができない。

広島県や長崎県における調査でも、平時にも起こるがんの増減に埋もれてしまい、一〇〇mSv以下の放射線被ばくによる発がんの増加がどの程度あるのかを検出できていない。

一〇〇mSv以下の線量であっても、放射線量と放射線被ばくによる発がんが、二〇〇〜二〇〇〇mSvの領域と同じ比例関係であると仮定して（これを「LNTモデル」という）、放射線防護の方策を立てたり、放射線防護の方法のうち最適なものが何かを選択したりするのが、国際的な常識となっている。それでも、「一〇〇mSv以下の放射線被ばくによる確率的影響」とは、LNTモデルによって推計するもので、統計的に検出するのが困難なものであるという点はおさえておきたい。

福島第一原発事故後、この確率的影響が出るとは考えにくい。その理由は、基礎知識の一つ目で述べたように、住民が受けた被ばく線量が、LNTモデルによるしきい値である一〇〇mSvよりはるかに低かったことが第一にあげられる（前掲注1、2）。

■次世代への影響

原発事故後に福島で生まれた子供やこれから生まれる子供に、放射線被ばくによる遺伝的影響は出ない。その根拠を以下に記す。

一九四五年に原爆が投下された広島県と長崎県において、原爆被爆者の子供たち（被爆二世）を対象にした大規模な調査が現在も継続されている（注3）。

これは、被爆二世について、流産や死産、奇形、がん、染色体異常、小児死亡、血清タンパクの異常などの有無と程度を調査しているものである。調査の結果、被爆二世に放射線の影響が確認された例はない。このほかにも、複数の遺伝子によって決まる身長や体重、頭囲、胸囲などの身体的な特徴など、さまざまな調査が行われているものの、被爆二世に放射線による影響と思われる特徴は一切見つかっていない。

また、一九八六年に起きた旧ソ連ウクライナ共和国でチェルノブイリ原発事故後に生まれた世代の方々についても、放射線被ばくによる遺伝的影響は確認されていない（注4）。

福島第一原発事故では、外部被ばく、内部被ばくともに、健康に影響を及ぼすレベルの放射

注3：放射線影響研究所ホームページ
[http://www.rerf.jp/index_j.html (2021年1月9日閲覧)]

注4：UNSCEAR2008 報告書
[https://www.unscear.org/unscear/en/publications/2008_1.html (2021年1月9日閲覧)]

注5：福島県立医科大学　放射線医学県民健康管理センター　県民健康調査「妊産婦に関する調査」
[http://fukushima-mimamori.jp/pregnant-survey/ (2021年1月9日閲覧)]

注6：福島県ホームページ『県民健康調査「妊産婦に関する調査」について』
[http://fukushima-mimamori.jp/pregnant-survey/result/ (2021年1月9日閲覧)]

線被ばくをした住民はいない。さらに、現在の福島県の住民の放射線被ばく量は、他県の住民の放射線被ばく量と同程度であることもわかっている。

これらのことを総合して、福島第一原発事故後の福島県は、放射線による次世代への影響を心配しなければならない状況にはないと断言することができる。

原発事故後始められた福島県の県民健康調査で、福島県立医科大学は「妊産婦に関する調査」を行なった（注5、6）。調査結果には、福島の新生児の体重や異常の有無などが含まれている。

例えば、二〇一一年~二〇一九年までの調査結果で、福島県で生まれた子供の低出生体重児（二、五〇〇g未満）の割合は、全国平均とほぼ同じであることがわかっている。

また、同時期の先天奇形・先天異常の発生率（単胎）の割合は、全国の平均的な発生率よりも低い水準であった。

一〇年間福島県で継続調査した結果からも、

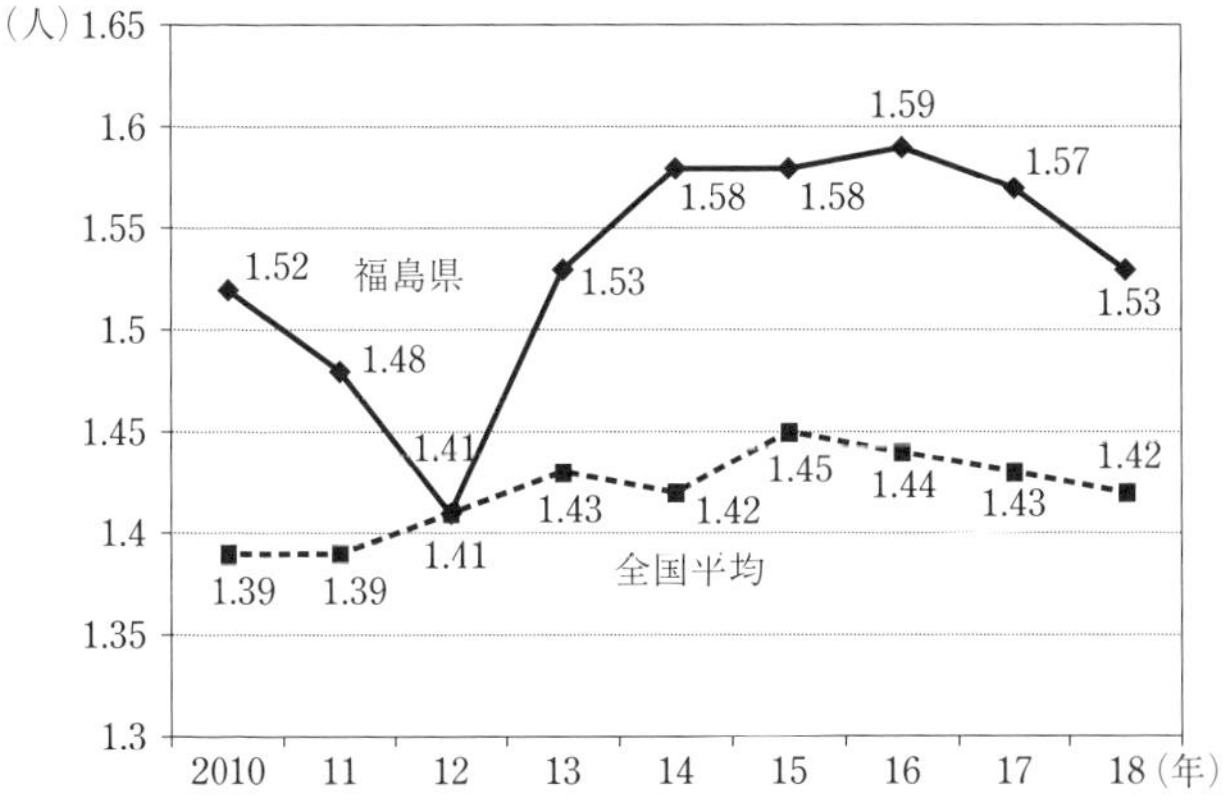

図2：福島県と全国の合計特殊出生率比較

福島県立医科大学　放射線医学県民健康管理センター「妊産婦に関する調査」［http://fukushima-mimamori.jp/pregnant-survey/ (2021年1月9日閲覧)］

厚生労働省「人口動態調査」［https://www.mhlw.go.jp/toukei/list/81-1.html (2021年1月9日閲覧)］より作成

原発事故後の福島で、次世代への影響は起きていないと考えられる。

実際に次世代への影響が起きていないとしても、原発事故後の福島県で「産み控え」があるという趣旨の発言を、インターネットで目にした。実際には、福島県の合計特殊出生率（女性が一生の間に産む平均の子供の数の推計）は、全国平均を上回っている。北海道、東北地方、関東地方の一四都県で最も出生率が高い年度もある（注7）。

実は、原発事故前から、福島県の合計特殊出生率は全国平均を上回っていた。原発事故直後の二〇一二年は、いったん低下し、全国平均と同じ一・四一になった。これは、原発事故直後の避難行動などが要因と考えられる。

その後、福島県内の生活の状況も徐々に落ち着きを取り戻し、同時に出生率も、二〇一三年には一・五三まで回復した。二〇一四年以降も全国平均より高い一・五七〜一・五九で推移している（前掲図2）。

では、中絶や流産についてはどうだろうか。

福島県立医科大学が、(1)県内で母子健康手帳を交付された女性、(2)県外で母子健康手帳を交付された女性のうち、県内で妊婦健診を受診し分娩した女性（いわゆる里帰り分娩をした女性）について、二〇一一年に一万六〇〇一人、二〇一二年に一万四五六一人を対象に、妊娠数に対する自然流産と人工中絶の割合を調査した。

その結果、母子健康手帳交付後の流産の割合は、二〇一一年が〇・七七％、二〇一二年が〇・八一％、中絶の割合は二〇一一年が〇・〇六％、二〇一二年が〇・〇八％で、いずれも三・一一以前から大きな変化はみられていない。

■国際機関による評価

「原子放射線の影響に関する国連科学委員会」（以下、UNSCEAR）は、二〇二一年三月九日、福島第一原発事故の影響に関する報告書（UNSCEAR 二〇二〇報告書）を公表した（注8）。正式タイトルは「二〇一一年東日本大

注7：厚生労働省ホームページ「人口動態調査」
［https://www.mhlw.go.jp/toukei/list/81-1.html (2021年1月9日閲覧)］

注8：UNSCEAR 2020年報告書
［https://www.unscear.org/unscear/en/fukushima.html (2021年4月22日閲覧)］

震災後の福島第一原子力発電所における事故による放射線被ばくのレベルと影響：UNSCEAR二〇一三年報告書刊行後に発表された知見の影響」である。

UNSCEARは、放射線が人や環境に及ぼす影響についての重要な事項を網羅的に調べて、国連に報告する役割を担う。IAEAなどの国際機関や各国は、この報告をもとにガイドラインや法律などを作成する。

UNSCEARは、二〇一三年に福島第一原発事故の報告書を公表した。その後も、新たに発表された論文や調査結果を反映した白書を、二〇一五、一六、一七年に公表してきた。

UNSCEAR二〇二〇報告書は、明記されてはいないものの、福島第一原発事故についてUNSCEARがまとめる最終報告としての位置付けになる可能性もある。

今回、UNSCEARが報告したことの要点は以下である。

(1)　福島第一原発事故後、福島の住民に放射線被ばくによる健康影響は見られておらず、将来的にも見られる可能性は低い。

(2)　原発事故後の福島で行われている甲状腺検査（原発事故当時一八歳以下だった子供や若者を対象にした甲状腺がんスクリーニング検査）で見つかった多数のがんについては、過剰診断が起きている可能性がある。

まず、(1)について詳しく見てみる。

UNSCEAR二〇二〇報告書は、二〇一三年報告よりも、実測に近い推計値を使っているという特徴がある。

例えば、原発事故後の福島の住民の食生活や行動などについても、より実態に近い状況を推定し、計算を行った。

この結果、福島第一原発事故後の福島の住民の放射線被ばく線量は、ほとんどの自治体で、二〇一三年報告書で報告された推計結果よりも二分の一以下か、それよりも大幅に低かったことがわかった。

さらに、UNSCEAR二〇二〇報告書は、より実態に近い放射線被ばく線量の推計に基づき、将来的に福島県の住民にがんなどの健康影響が増えるどうかを予測した。結果、「放射線被ばくによるがんなどの健康影響が、将来みられるとは考えにくい」としている。

次に、(2)について詳しく見てみる。

福島県では、原発事故当時一八歳以下だった住民を対象に、甲状腺検査（甲状腺がんのスクリーニング検査）を実施している。この検査では二〇二一年三月現在までに二五二人が「悪性ないし悪性疑い」と判定され、うち二〇三人は甲状腺の全部あるいは一部を摘出する手術を受けている（注9）。

UNSCEAR二〇二〇報告書は、福島県の甲状腺検査で発見された甲状腺がんは「放射線によるものではなく、感度の非常に高い超音波機器によるスクリーニングを行ったことが原因で見つけられたもの」との見解を示した。

加えて、甲状腺検査で発見された甲状腺がんは過剰診断である可能性も指摘した。その上で、福島県の甲状腺検査による子どもや若者の甲状腺がんの過剰診断は、検査を受けた人に不安をもたらす可能性があり、不必要な治療につながるかもしれないとの懸念を示している。

注9：福島県ホームページ「第40回福島県県民健康調査検討委員会（令和3年1月15日）の議事録について　参考資料4」
［http://www.pref.fukushima.lg.jp/uploaded/attachment/422943.pdf (2021年4月23日閲覧)］

飯舘の「までい」な生活を楽しむ

原発事故後の福島県に住む住民は、どのような思いで、どのような生活をしているのだろうか。

とはいえ、福島県は、北海道と岩手県に次ぐ全国三位の広大な土地をもつ。海沿いから内陸部、そして山間部（浜通り、中通り、会津地方という）の広大な土地に、いまもおよそ一九〇万人の人々が生活を送っている。事故を起こした福島第一原発から数kmのところから、一〇〇km以上離れた地域まで、事故前の生活も、事故後の影響も多種多様である。今回ご紹介する一つの家族の例が、福島県民を代表するものではないことを最初にことわっておきたい。

飯舘村の文化と新しい生活

福島県の阿武隈山系にある飯舘村は、県庁所在地である福島市から自動車で約一時間の距離にある。福島市から飯舘村に向かうと、傾斜とカーブの多い山道を通過するため、冬の雪道はとりわけ厳しい。しかし春は、山の冬の厳しさと長さを打ち破るほど鮮やかだ。

梅、桜、桃の花が競うように花弁を開き、黄色いマンサクや水仙、木々の新芽も目が覚めるように輝く。「飯舘復興の桜」と呼ばれる桜並木は、かつて養蚕家だった夫妻が一九九七年から植樹を始めた。全国からの有志も集まり、現在では約三〇〇〇本の若い桜が呼吸をあわせたように開花する。雪解けとともに、山には多種多様な山菜が芽吹き、昔から住民の食卓を彩ってきた。

飯舘村は、原発事故の影響で、二〇一一年から六年間、全村避難を余儀なくされた。今回は、

飯舘村で採れる山菜。コシアブラ、タラの芽など（2020年5月著者撮影、以下同）

飯舘村に帰還した菅野元一・クニ夫妻に焦点をあて、福島県で生活することの楽しみを伝える。菅野夫妻は、二〇一七年三月の避難指示解除とともに帰還し、ログハウスを建てた。飯舘村の伝統や文化を大切に引き継ぎながら新しい生活を楽しみ、また家族やログハウスを訪れる多くの人々とともに新たな飯舘村の文化を築いていこうとしている。

毎日歩き慣れた裏山を登っていく菅野元一さんの背中を、今年小学二年生になったばかりの男の子が歓声をあげながら追う。中学に入学したばかりの姉とその母親が後に続く。山の中の清流では、葉ワサビの白い花が揺れている。「もう少し暖かくなったら、サワガニもタガメも、サンショウウオも出てくるよ」という元一さんの言葉に、子供たちは驚きと喜びの表情を見せる。

ログハウスに戻り、みずから収穫した行者ニンニクをたっぷり刻み入れたチヂミと餃子を口いっぱいに頬張る姉弟に、負けじと箸を伸ばしながら、二人の母と元一さん、元一さんの妻・クニさん、そして元一さんの父・昌基さんの頬が緩む。甘みと歯ごたえの心地良い採りたての行者ニンニクはニラよりも癖がなく、いくらでも食べられる。

元一さんは飯舘村で生まれた。県外の大学院まで進み、茨城県の園芸高校で教鞭をとった後、福島県に戻り、県立の農業高校の校長も務めた。定年後も高校からの要請を受け、非常勤講師として農業を教えている。「いいたて雪っ娘（かぼちゃ）」や「イータテベイク（じゃがいも）」など、独自の品種の野菜は食味にも優れ、全国的に注目を集めている。

昭和初期に建てられた元一さんの生家は茅葺屋根で、三～四畳に土間と囲炉裏を備えた簡素なものだった。その屋根の下で、姉二人と妹二人、元一さんと両親、祖父母が寝食をともにした。それだけではなく、元一さんの祖父がさまざまな人を招き入れることも少なくなかった。

元一さんは幼少の頃から一日中、山や畑で働き、家の中で過ごす時間は少なかった。「それ

裏山を案内する菅野元一さん

でも、ぼくにとって家は雨風をしのぐだけではない特別なものだった」と元一さんは語る。愛犬の腹に凍えた素足を押し当てながら、少ない光で本に読みふけった日々を、元一さんは懐かしげに振り返る。

飯舘村の多くの家には裏山があり、「イグネ（屋敷林）」と呼ばれている。このイグネや少し離れた山に、元一さんはさまざまな木を植え、毎日手入れを怠らない。樹木の一本一本を植えた意図や場所、山肌に対しての角度、伐採のタイミングなどは、綿密に計算されている。

元一さんの父・昌基さんは「山菜名人」と呼ばれてきた。野生の山菜を偶然見つけるのではなく、三〇年以上にわたり、コゴミ、ウルイ、シドキ、オヤマボクチ、行者ニンニクなど各種山菜の苗をみずからの山に植えて栽培・改良を重ねた。県内各地だけではなく、北海道や山形など県外にも出向き、飯舘の山の土壌に向いた苗を探してきたという。

山のどの場所にどの山菜が適しているかを知るために、様々な場所に試験的に数株ずつ植え、より多く質の高い山菜が増える場所を探す。また、できるだけ長い期間収穫ができるように、雪どけの遅い場所にも苗づけをするなど、生育時期をずらす工夫も施されている。元一さんにも受け継がれたこの手法によって、菅野家の山には入念に手入れが行き届いた山菜の畑が青々と広がっている。

山菜の多くは香りが強く、シソやミョウガのように嗜好品としての使い方をするのが一般的だ。例えば、ヨモギを使った草餅の場合、通常餅四〇〇g（大福にして一〇個分）に対してヨモギを二〇g程度使用する。また、天ぷらにすることの多いタラの芽やコシアブラの場合、一個の平均重量が四～五gである。旬の盛りの行者ニンニクを餃子やチヂミにする場合、五、六人前をつくるのにニラ二～三束分（二〇〇～三〇〇g）ほどを贅沢に使う（一人前あたり約四〇～五〇g程度）。

当然、道の駅などに並ぶ山菜は事前に放射能濃度の測定がされ、法定基準値一〇〇Bq／kg（一〇gあたり一Bq）を超過するものは販売さ

裏山の手入れをする昌基さん

れない。また、個々の放射能濃度が基準値以内であっても、種として出荷制限が掛けられている山菜はまだ多い。飯舘村に新たにオープンした道の駅「までい館」を含めて、村内各地に非破壊式測定器（放射能濃度測定器）が設置され、誰でも食品を持ち込んで測定することができる。

生活環境の変化による健康リスクへの懸念

戦前から飯舘村の山で工夫して生活を営んできた昌基さんたちは、原発事故当時すでに八〇歳を過ぎていた。原発事故直後は、発電所からの距離に応じて避難指示が出されたため、原発から離れていた飯舘村には即時の避難指示が出されなかった。しかしその後、空間線量率が高い地域が村内に確認されたため、二〇一一年四月に飯舘村全域に避難指示が出た。

保健師として長年医療に従事してきたクニさんが最も危惧したのは、避難による生活環境の変化がもたらす昌基さんらへの健康影響だった。生活環境からの健康リスクを最小限にとどめるため、クニさんは福島市内に畑とその近くに一戸建てを借りた。「畑仕事をお義父さんから奪ってはいけない」という強い思いがあった。「義父母を無事に飯舘村に帰すことが私の使命だと感じました」とクニさんは語る。

避難期間中、昌基さんは長年培った農作業の工夫や実際に収穫した野菜を避難生活を送る仲間たちに分け、地域との関係性を楽しみながら福島市での生活を送ることができた。医療従事者ならではのクニさんの視点の的確さに、元一さんは感嘆したという。

「木が泣いている」

二〇一四年の六～七月に飯舘村の宅地除染が終わり、同九月に家の周辺のイグネが除染のために伐採されることになった。飯舘村では、子供が生まれたり成人したりしたときにイグネに植樹をする習慣がある。この木は、病気や災害、経済的困窮の際など、いざというときに使う資産として大切に育てられる。また、別の家で何か困ったり家の建て直しが必要になったりした

菅野家の裏山で栽培されるウルイ

ときに、木の貸し借りをすることもあった。昌基さんの父がかつて結核に罹患した際に、イグネの木を売って医療費にあてたこともある。

夫や義父の山での仕事を日々間近に見ているクニさんは、イグネの伐採に反対した。「他の家も皆伐っているのだから、うちだけ伐らずに通すわけにはいかない」と元一さんは苦しい決断をした。元一さんは、一本一本の木の役割を誰よりもよく知っていた。「用途もなく伐られていく木を見るのは、辛かった」と当時の心境を語る。家と山を元一さんに引き継いだ昌基さんは、元一さんの言葉に頷《うなず》くのみで、何も語らなかった。

「おじいちゃんが育てた木も山菜も、全部だめになる」と最後までクニさんは抵抗を続けた。毎年、昌基さんの植えた木の下に、希少な山野草であるシラネアオイやクマガイソウが咲くのも楽しみだった。昌基さんが山野草を愛しげに育てている姿も知っていた。しかし、みずから手塩にかけた木々の伐採に父子が同意するのを見て、それ以上の言葉を飲み込んだ。

三〇~四〇本の木はあっという間に伐られていった。クニさんは、周囲の空気を引き裂くような音を立てて生木が倒れる様子を、元一さん父子の傍らで見つめていた。

■飯舘村の木で家を建てる

二〇一四年、他の複数の自治体で避難指示が解除される中、クニさんは義父母や夫とともに飯舘村に帰る日を心待ちにしていた。ネズミなどの害獣が家を荒らしてしまったため、家の改築を元一さんと相談した。「まだ帰還時期も決まっていないのに」と言いながらも、三〇年ほど前に訪れたことのある南会津の製作所を思い出し、翌春早々に二人は雪の残る南会津に出向いた。

伐採された大量の木への無念はずっとクニさんの胸にあった。「悔しいとか、悲しいとか、そういう感情には蓋をしていました」というクニさんが、無意識に「木はあるのに」とつぶやくと、製作所の社長がすかさず「木があるんですか?」と反応した。「除染のために伐採した木ですが」とためらいながらもクニさんは答え、村内で除染実証を行っている団体のデータから樹皮を剥げば放射線量が十分に下がったという測定結果や、「木材として使うことに問題がない」という専門家の見解も説明した。「使いましょう」という社長の言葉を聞き、クニさんの表情に光が差した。

当初は新築のログハウスに象徴として二〇〜三〇本を混ぜる予定だったが、実際に飯舘村で社長と相談するうち、すべて飯舘村の木で建てようということになり、さらに一〇〇本以上を伐採した。話を聞きつけた村内の友人が、菅野家と同じように除染のために伐採された木を「使ってくれないか」と持ってきた。どの村民も、木への思いは同じだった。「私たちが飯舘の木で家を建てる前例になって、村内で同じように帰還後の暮らしに夢を抱ける人が出てくるように」とクニさんは考えるようになった。

「縦ログ構法」という技術を使って建てられた菅野家のログハウスは、中からでもどの木がどの山のどの場所に生えていた木なのかが一目でわかる。一番大きな大黒柱は、元一さんが最初に就職した農業高校から苗を分けてもらい、みずから植えた木だ。「大黒柱にするからと約束しながら植えたんだ」と元一さんは嬉しそうに柱をなでる。木との約束は守られた。

「物語」のある暮らし

「飯舘村で、自分で何でも測って、納得しながら生活すると決めました」とクニさんは語る。

クニさんは、ログハウス内の詳細な空間線量率、D-shuttle《ディシャトル》（16頁写真）による自身の個人外部被ばく線量、そして野菜や山菜などの食材の放射能濃度などを測定して記録し続けている。

とりわけ、昌基さんが半生を賭けて改良を重ねてきた山菜については、原発事故翌年の二〇一二年から現在まで、自宅のそばや裏山、少し離れた別の山などで、種別ごとに自主的に放射能濃度の計測を続けてきた。原発事故の翌年、他の山菜では数百Bq／kgの検出がされたが、ウルイだけはすでに法定出荷基準値一〇〇Bq／kgどころか、測定機器の検出下限値さえも上回らなかった。

クニさんは「科学的な根拠は、原発事故後の飯舘村での生活を送る強い味方になってくれました」と語る。安心して自分の子や孫をログハウスに迎え入れ、ためらいなく昌基さんの山菜をともに食べることができる。それはクニさんが原発事故後の日常を新たに築くためのエネルギーの大きな源となっている。

元一さんは一本の柱を示して、「これは私が生まれたときに、母方のじいちゃんが持ってきて両親が植えた木です」と言った。「全部の木に物語があります。そして、木は木としては死んでも、こうして家として生き返る。次の家を建てるときにはこの家の木を少し使うから、家の木としては永遠に生きるんです」と語る。

昌基さんと元一さんは、今年新たに山に植える木の苗を育てている。木を育てることを「撫《ぶ》育《いく》」といい、我が子を慈しむように育てる。労力を惜しまず、無駄なく丁寧に仕事をする飯舘村の文化を「までい」と呼ぶ。新緑のイグネを歩くと、若木のさまざまな匂いがする。飯舘村の「までい」な暮らしは、新たに今始まったばかりだ。

ログハウスの縁側で語らう菅野元一さん・クニさん夫妻

UNSCEAR福島報告を読み解く

――明石眞言氏　インタビュー

■すべての根拠となる「知の集積」

一九五〇年代のはじめ、東西冷戦下に大気圏内で頻繁に核実験が行われた。これにより、放射性物質が世界中の国や地域に大量に降下した。放射性物質による人や環境への影響を世界的に調査するため、一九五五年のUNGA（国連総会）で設置されたのが、UNSCEAR（原子放射線の影響に関する国連科学委員会）である。UNSCEARは、放射線が人や環境に及ぼす影響についての重要な事項を網羅的に調査し、国連に報告するという役割を担っている。

福島第一原発事故の後、放射性物質の飛散による人や環境への影響が懸念された。

UNSCEARは二〇一一年五月に日本とドイツによる提案を受け、福島第一原発事故に関する報告書をまとめる方針を固め、国連総会で採択を受けた。UNSCEARは事故から三年を経て、「UNSCEAR二〇一三報告書―電離放射線の線源、影響、およびリスク」を公開し、UNSCEARの報告書としては初めて公式に日本語訳もされた。

UNSCEARの報告書は、世界中で発表された約二〇〇〇以上の論文を科学的に精査し、三〇〇前後にまで絞り込み、さらに特に重要な論文を採用してまとめられたものである。

UNSCEARの報告書をもとに、まずICRP（国際放射線防護委員会）が勧告を出し、これに基づいてIAEA（国際原子力機関。WHOなど放射線影響を鑑みる必要のある団体も加盟している）がガイドラインを出す。日本など各国は、これに沿ってそれぞれの国の法律や指針を作成する（図1）。

つまり、ICRPの勧告もIAEAのガイドラインも、そして放射線に関する日本の法律も、UNSCEARの報告書にその根拠があるともいえる。このため、UNSCEARは政治的に中立であることを極めて厳格に求められる組織でもある。「科学に根ざし、政策を取り扱わない、独立かつ公平な立場」というのが、UNSCEARの宣言するみずからの立場だ。

UNSCEARは五つのグループが分担して論文を評価している。世界中から八〇人以上の専門家がそれぞれのグループに参加し、「UNSCEAR二〇一三報告書」を作成した。報告書は国連総会の承認を経て、二〇一四年四月にはウィーンで、翌五月には福島県と東京都で公表された。

以下に「UNSCEAR二〇一三報告書」の八つのポイントをあげる。

（1）福島第一原発から大気中に放出された放射性物質の総量は、チェルノブイリ原発事故の約一〇分の一（放射性ヨウ素）および約五分の一（放射性セシウム）である。

（2）避難により、住民の被ばく線量は約一〇分の一に軽減された。ただし、避難による避難関連死や精神衛生上・社会福祉上マイナスの影響もあった。

（3）公衆（住民）と作業者にこれまで観察された最も重要な健康影響は、精神衛生と社会福祉に関するものと考えられている。したがって、福島第一原発事故の健康影響を総合的に考える際には、精神衛生および社会福祉に関わる情報を得ることが重要である。

（4）福島県の住民の甲状腺被ばく線量は、チェルノブイリ原発事故後の周辺住民よりかなり低い。

（5）福島県の住民（子供）の甲状腺がんが、チェルノブイリ原発事故後に報告されたように大幅に増える可能性を考える必要はない。

（6）福島県の県民健康調査における子供の甲状腺検査について、このような集中的な健診がなければ、通常は発見されなかったであろう甲状

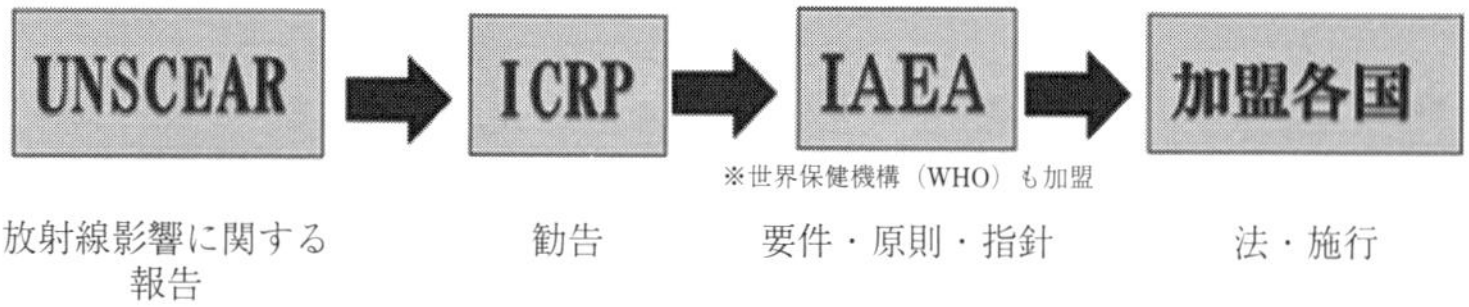

図1：放射線防護に関わる勧告・指針の流れ

腺の異常（甲状腺がんを含む）が多く発見されることが予測される。

(7)　不妊や胎児への影響は観測されていない。白血病や乳がん、固形がん（白血病などと違い、かたまりとして発見されるがん）の増加は今後も考えられない。

(8)　すべての遺伝的影響は予想されない。

二〇一七年よりＵＮＳＣＥＡＲの日本代表をつとめた明石眞言氏に話をうかがった。明石氏は、放射線医学の分野で日本を代表する研究者の一人である。

インタビュー　明石眞言 氏

■「科学に根差し、政策を取り扱わない、独立かつ公平な立場」

——日本学術会議が出す報告書や提言、ＩＣＲＰ（国際放射線防護委員会）の勧告、ＩＡＥＡ（国際原子力機関）の報告や指針などと同列のものとして、ＵＮＳＣＥＡＲの報告書があげられることがあります。しかし、他の機関が出す勧告やガイドラインは、ＵＮＳＣＥＡＲの報告書をもとにつくられているのですね。

明石　ＩＣＲＰは、ＵＮＳＣＥＡＲがまとめた世界中の論文を基礎資料として勧告を出しています。そのＩＣＲＰの勧告に基づいて、ＩＡＥＡが指針を出し、それらに基づいて各国がそれぞれの国内の法律をつくっています。ＵＮＳＣＥＡＲは、これらの大もととなる「世界中の論文を一定の明確な基準にもとづいてそれをレビュー（評価）する」という役割をもつ機関です。すべての基礎となるものですから、政治的な色をもたないことを強く求められますね。

Science, not policy - independent and unbiased（科学に根ざし、政策を取り扱わない、独立かつ公平な立場）。これはＵＮＳＣＥＡＲの大原則です。

明石眞言
放射線医学総合研究所にて、第五福竜丸事件、JCO臨界事故等放射線事故の医療に携わる。元量子科学研究開発機構所属。UNSCEAR前日本代表、現在もプロジェクトシニアテクニカルアドバイザーを務める

また、UNSCEAR自体が何かを推奨したり勧告したり、といったことは絶対にしません。もちろん論文について「科学的見地に基づいて評価した場合、この研究には不足がある」と報告することはあります。しかしこれはあくまでも「科学的に不足がある」と評価しているだけで、「だからこういうことをすべきである」という推奨や助言をしているわけではありません。

――UNSCEARの報告書や白書にレビューされている論文を選出する前に、三〇〇本前後の論文がリストアップされています。リストアップの前段階としてUNSCEARの委員の方が目を通される論文は平均で何本くらいになりますか。

明石　最低でもその五~六倍、二〇〇〇本近くの論文を読んでいます。「UNSCEAR二〇一三報告書」の末尾に掲載されている、各国各分野の専門家が、それぞれの分野の論文を分担して読んでいます。

ただ、担当する領域によって読む本数にはばらつきがあります。例えば、ソースタームの放出に関わる論文や、人の健康への影響に関わる論文は多く発表されます（注1）。しかし、ヒト以外の生物に関わる論文は毎回それほど多くありません。

――UNSCEARにリストアップされた論文が、報告書や白書に採用される際の基準とは何でしょうか。

明石　まずは、査読付き（同じ分野の他の専門家によるチェックを経ること）の論文であるということが原則です。それから、各国の委員が分担しますので、国際的な共通言語である英語で書かれていることも必須条件です。

その上で、「その論文が書かれた研究が科学的に不足のない手法で行われているかどうか」を審査する、科学論文のクオリティを管理しているグループがあります（最終品質保証グループ）。

注1：ソースタームとは、福島第一原発事故で放出された放射性物質の量や種類、化学性質などのこと

このグループが、論文の科学的なクオリティをチェックしています。例えば疫学分野の論文であれば、「母集団が小さすぎる」とか「統計的処理があまい」とか、そういったことですね。毎回ここでたくさんの論文が選考から落とされていきます。

「科学的なクオリティ」と「社会的な影響」

明石　科学的なクオリティが十分ではないとしても、「社会的に影響が大きい」と判断された場合には、あえて取り上げた上で「研究の手法として科学的に十分ではない」と報告することがあります。

例えば、岡山大学教授の津田敏秀さんという人が「福島第一原発事故による放射線の影響で福島県の子供に甲状腺がんが増えている」という趣旨の論文を出しました。これは科学的に不足がある研究に基づいて書かれた論文なので、科学的なクオリティとしては採用に値しません。

ただ、この論文は「社会的に影響が大きい論文である」と判断されたため、あえて採用されました。その上で、研究手法が「あまりにも偏りが生じやすいもの」であり、「このような弱点と不一致があるため、本委員会は津田らによる調査が二〇一三報告書の知見に対する重大な異議であるとはみなしていない」と「UNSCEAR二〇一六白書」は評価しています。

このように「社会的に影響が大きいにもかかわらず、科学的に手法が適切ではない論文」をきちんと批判するということは非常に重要なことです。単純に不採用にしただけでは社会的に影響のある論文を見過ごしたことになりますし、採用しただけで明確に批判しなければ、UNSCEARが「この論文が科学的な見地から採用に足ると評価している」という誤解を招きます。

――他に、「社会的影響が大きい上に、科学的な研究の手法が適切ではない」と評価されたために、採用した上で「研究の手法が適切ではない」としたような例はありますか?

明石　例えば、「UNSCEAR二〇一七白書」で、「アカマツに形態的異常が有意に多い」という論文（注2）が採用されました。UNSCEARはこの論文について、「木の個体群の完全性に対する形態学的に異常の影響は、よく観察されていない」と評価しています。この日本語訳はかなりわかりにくいんですが、つまり「そもそも原発事故の前に福島の山でアカマツの調査をやっていないですね」ということです。

これは「（原発事故前に調査をしていない比較対象のない）福島県の山を観察してみたら松の形がこうでした」と言っている（観察研究）に過ぎません。その上「もしかしたら放射線の影響じゃなくて、人がいなくなったために野生動物が増えたことが原因なのかもしれない」とか、他の影響（バックグラウンドの影響）も考慮されていません。

通常は、こういった「コントロール群を立てていない」とか「バックグラウンドが考慮されていない」という論文は、「研究手法が科学的に不足している」として、かつ社会的な影響が少なければ、選考でたくさん落とされていきます。

福島の甲状腺検査を中長期的に継続することに科学的な意味はあるのか

「UNSCEAR二〇一七白書」では甲状腺がんについて、福島県における被ばくの程度が最も高かった地域、中程度だった地域、最も低かった地域に住む人たちを比べた場合、有病率に統計的に有意な差がなかったと報告した。有病率がスクリーニング検査を開始する前に予想されていたよりも二〇倍ほど高かったことについては、放射線被ばくの影響ではなく超音波検査によるスクリーニング効果と考えられるとされている。

現在、福島県では県民健康調査の一環として甲状腺検査（甲状腺がんスクリーニング）が行われている。この検査には、「県民の健康を見守る」ということと「二〇一一年から現在までに福島で見つかっている子供の甲状腺がんと、原発事故による放射線被ばくとの関係を科学的に考察する」

注2：Yoschenko, V., et al. (2016) Morphological abnormalities in Japanese red pine (Pinus densiflora) at the territories contaminated as a result of the accident at Fukushima Dai-Ichi Nuclear Power Plant. *J Environ Radioact*, 165. doi: 10.1016/j.jenvrad.2016.09.006

という二つの目的がある。
　環境省の担当者は「中長期的に甲状腺検査を継続することで、科学的に被ばく影響の有無が明らかになる」との見解を示した。また現状、甲状腺検査は二〇三六年まで継続されるという計画が出されている。これについて県民健康調査検討委員会や甲状腺検査評価部会では、倫理的に問題があるとの指摘もされた。

――福島県の甲状腺検査の後者の目的（「二〇一一年から現在までに福島県で見つかっている子供の甲状腺がんと、原発事故による放射線被ばくとの関係を科学的に考察する」）についておうかがいします。今の検査は、中長期的に検査を継続すれば、原発事故による放射線被ばくと住民の甲状腺への影響との関係が明らかになるようなものなのでしょうか。

明石　原発事故前に同じ規模の甲状腺がんスクリーニングは行われていませんので、現在福島県の県民健康調査で行われている甲状腺がんスクリーニングは、先ほどのアカマツの研究と同様、「（もともと同地域で甲状腺がんスクリーニングをするとどのくらいの症例が発見されるのかなどの基本的なデータがないまま）福島県で甲状腺がんスクリーニングをしてみたらこのくらい見つかりました」という研究に過ぎないということになります。
　加えて、受診対象者の生活環境や心身の健康状態などバックグラウンドの影響も十分に考慮されているとはいえません。
　ですから、「スクリーニング効果について」「甲状腺がんの特徴」「甲状腺がん検診の有効性」など、検査に付随する個別の論文は今後複数出てくるかもしれませんが、福島第一原発事故による放射線被ばくと甲状腺への影響との関係そのものを明らかにするような、科学的に信頼性の高い論文は出てこないでしょう。

――もう一方の目的（県民の健康を見守る）について、「UNSCEAR二〇一七白書」は、甲状腺検査による心理的な健康への影響に言及しています。

明石　心理的な健康への影響について言及するかどうかについては、UNSCEARでも議論がありました。「政治的な主体が甲状腺検査を始めるかどうか」ということについては、UNSCEARは助言も推奨もしません。ただ、検査によってわかったことについての論文は取り上げることがありますから、「甲状腺検査には心理的な健康へのリスクが伴う」という研究と論文が科学的に妥当であれば、それは報告します。

■「これはサイエンスじゃない」ときちんと言うこともサイエンスの仕事

二〇一六年、日本政府は原発事故後に原発構内で作業にあたっていた方々二名への労災を認定した。このうち一名は白血病、もう一名は甲状腺がんと診断された。UNSCEARは二〇一七白書において、「科学的に起因していることと、法的に職業上の状況に起因することとは同じではない」とし、「労災保険給付（同様に、過去または将来に職業被ばく者と認められたものを含む）が、放射線被ばくと特定のがんの症例との因果関係が科学的に証明されたことを意味するわけではない」と明記した。

労災保険給付制度は第一義的に労働者の公正な保護を目的とするものである。「厳密に科学的な因果関係が認められなければ労災保険給付がされない」という仕組みを強要すれば、かえってそもその目的である「労働者の公正な保護」を妨げるおそれがある。

明石　労災についてUNSCEARが触れるかどうかについても、専門家グループの間で意見がはっきり割れました。まず、日本では、「一年間の被ばく線量五mSv×その人の働いた年数」という式を立てて、白血病が労災認定されるかどうかを決めています。これは、科学的な根拠があるわけではなく、「労働者を救済する」という政治的な枠組みの中で立てられた式です。

ある専門家グループは、「これは社会的に非常に大きな影響がある問題だ」と主張しました。つまり、社会的な影響を鑑みて「日本の労災認定は科学的な根拠だけで行われているわけではない」ということを報告すべきだとする主張です。そして別のグループは、ＵＮＳＣＥＡＲは純粋に科学ではない問題を扱うべきではないと主張しました。

――実際に日本では、「労災保険が給付されたということは、放射線被ばくと作業されている方の甲状腺がんとに科学的に因果関係があるんだ」という誤解がありました。

明石　そうでしょうね。しかし実際には、日本の労災認定は純粋にサイエンスだけで決めているわけではない。そして、「これはサイエンスじゃない」ときちんと言うことも、サイエンスの仕事です。

労災の認定は、日本が検討会を開いて審査します。その上で、今回の件に関係するものでいえば二〇一六年一二月に「甲状腺がんと放射線被ばくに関する医学的知見を公表する」として、医学的報告書を公開しています。この報告書も、ＵＮＳＣＥＡＲと同じように科学論文をレビューしてつくるんです。数は一〇〇本くらいですが。そして、最終的には必ずＵＮＳＣＥＡＲの報告書と比較し、ここに根拠を求めます。

ですから、ＵＮＳＣＥＡＲの報告書や白書がさまざまな判断の大もとの根拠となっている重要なものであるということは、ここでもやはり言えるでしょう。ＵＮＳＣＥＡＲの報告が政治的に中立な知の集積であるということ、それから協力している専門家の地域にも偏りがないということも大切ですね。

「ＵＮＳＣＥＡＲ二〇一三報告」の見解は引き続き有効

――ＵＮＳＣＥＡＲの二〇一三報告書が公開された後、毎年白書が出されています。二〇一七年にも白書が出ました。報告書と三本の白書の違いは何でしょうか。

明石　二〇一五年から二〇一七年までの白書は、「UNSCEAR二〇一三報告書に追加や変更を加える論文があるかどうか」という視点でまとめられています。世界中の英語の査読付き論文を、各分野の専門家が明らかな基準をもってレビューするという点では同じです。

ただ、二〇一七年の白書は少しレビューする対象を広げました。例えば、日本学術会議の報告書も採用しています。それから、二〇一三年の報告書では事故直後の原発構内作業員の被ばく線量をUNSCEARの専門家が独自に計算して評価もしました。これを、例えば放医研（放射線医学研究所）の報告や東京電力の報告と並べて比較しています。計算する研究者がそれぞれ別個のソフトウェアを使って線量を評価した上で、各々がどのソフトを使ったのかも明らかにされました。

いずれにしても、「UNSCEAR二〇一三報告書」の見解の根幹を揺るがすような論文は今日まで出ていません。

——例えば、「UNSCEAR二〇一三報告書」よりも、二〇一六年以降の白書は、「福島県において見つかっている子供の甲状腺がんは、原発事故による放射線の影響とは考えにくい」ということを、よりはっきりと言っているように見えました。

明石　被ばく線量や環境放射線量では実測値に基づいたより精度の高いデータが積み上がってきたために、そういった多くのことが二〇一三年当時よりもはっきりと言えるようになってきました。「UNSCEAR二〇一三報告書」が出た時点では、まだ理論値や予測値が多かったのは事実です。その後、これだけ多くの実際のデータが積み上がってきて、論文も出されてきた以上、そろそろ実測値に基づいた報告書を新たにまとめる必要はあると思います。

——チェルノブイリ原発事故の後の報告書でいえば、「UNSCEAR二〇〇八報告書」がそれにあたりますか。

明石　そうですね。ただ、チェルノブイリ原発事故後の周辺地域への影響については、子供の甲状腺がんに関する論文をもう一度レビューしようというプロジェクトが始まっています。いずれにしても、過去に出した報告書に変更がないかどうか、定期的に見直す必要はありますね。

――一九八六年のチェルノブイリ原発事故後に「UNSCEAR一九八八報告書」が出されたのとほぼ同じ期間で「UNSCEAR二〇一三報告書」(公開は二〇一四年)が出されました。両者を比較して、作業としてはどのような違いがありましたか。

明石　「UNSCEAR二〇一三報告書」は非常に長い時間がかかったような感覚がありますす。改めていわれてみれば、福島第一原発事故が起こったのが二〇一一年で、そこから実質二〇一三年までに報告書がつくれたわけですから、決して特に長い時間がかかったわけではないんですね。

二〇一一年五月に「UNSCEARで報告書を出しましょう」と決めて、国連総会に承認を得ました。それからは、とにかくたくさんのデータ収集を要求される日々でした。公平性の観点から、日本人は日本で起こった原子力災害について報告書を書けないんですね。それがUNSCEARのスタンスです。ぼくら日本人は、あくまでもデータの収集、それから技術的なアドバイスを延々やっていました。要するに「下働きをしなさい」ということです。

例えば、環境省のプロジェクトの発足とか進捗とか、日本語で得られる情報から、「このプロジェクトが始まったのであれば、今後これに関連した論文が出てきそうだ」といった見通しが少しわかりますね。こういう情報は、日本人が日本語で集めて、報告書を書く人に伝えるしかない。

――近年の環境省のプロジェクトでは、鈴木元先生(国際医療福祉大学クリニック院長)が取り組まれているものがあります。

明石　はい、そしてUNSCEARはそういったプロジェクトそのものではなく、プロジェクトから出てくる英語の査読付き論文を評価するということになります。そのプロジェクトからも甲状腺の等価被ばく線量のデータを扱った論文が少しずつ出てきていますね。

――福島第一原発事故と、チェルノブイリ原発事故との主な違い、また逆に共通している点は何ですか？

明石　「原子力災害である」という点は共通しています。飛散した放射性物質の種類も共通しています。しかし、事故の原因も違いますし、事故の規模も違います。チェルノブイリ原発事故は、放射性物質が他の国にも飛散しました。日本は島国であるという地理的条件もあって、海外への影響もほぼ出ていません。

　実は、このために「福島第一原発事故は日本で起きた原子力災害だけれども、自分たちの国にはあまり科学的な影響はありませんね」という外国の専門家はいます。社会的な反響はあっても、科学的な影響が大きくないので、自然科学者はそう考えるのかもしれません。

　ですから、実のところ「改めて実測値に基づいた報告書をまとめ直そう」といっても、「もう必要ないでしょう」というUNSCEARのメンバーもいるほどです。しかしもちろん、「原子力災害が起きたのだから、しっかりと科学的な記録は残すべきだ」という考えのメンバーも多いです。

■現実の数字は「一つに決める」のではなく「幅を持った範囲」でとらえる

――「UNSCEAR二〇一三報告書」、またそれを補う三つの白書に共通する重要な考え方を教えてください。

明石　今、非常に気になっているのは、「（年間追加被ばく）一mSv」という、一つの数字によって物事が決まっているように見えることです。現実の世界に存在する数字はそんなに「かちっと一つに決まる」なんてことはありません。福島第一原発事故は事故であって、あらかじめ計画して放射性物質を撒いたり被ばく線量を決めたりしているわけではありません。ですから、現実的な測定値は後からわかるもので、〇・六だったり一・二だったりと必ず幅があります。

「数字は、ある程度幅をもった範囲で考えるべきだ」という認識を、もっと徹底しなければいけません。例えば「一」というのは「だいたい一くらい」という意味なんです。特に今の福島での被ばく線量は健康影響があるようなレベルではないわけですから、「数字に幅をもたせる」という考え方は非常に重要だと思います。

――幅をもたせずに「一つの数字にかちっと決める」と、どんな弊害が考えられますか。

明石　いや、「線量の数値に幅をもたせない」ということはそもそもできないんです。線量計を使ってみるとすぐにわかることですが、線量計の針は常に揺れています。その揺れている針の振れの中間を見て、一応数字を一つ出します。つまり、そもそも線量計の出す数字自体が幅をもっているわけです。

例えば、ある地域の気温が二〇℃だというとき、もしかしたらそのうちのある地点では一八℃かもしれないし、二一℃かもしれない。でも、それで特に支障はないでしょう。小数点以下のことなんてますます支障はないですね。「基準は目安であって、幅をもたせて考えてよいのだ」ということはもっと広く知られてよいことだと思います。

――基準はある程度の幅をもった目安であるということですね。

明石　もう一つは、同じように「サイエンス」といっても、いろいろな考え方があるということです。例えば、「放射性物質がどれくらい放出されたかということを調べる」というテーマでも、「理論的に、事故を起こした原子力発電所の規模から計算して、放出された放射性物質の量を推定する」という方法もあれば、「実際に原発事故後土壌に含まれた放射性物質を測定して、そこからさかのぼって放出量を推定する」という方法もあります。

これらはいずれも科学的な手法としては正しい。でもその結果は必ずしもぴったり一致するとは限らない。現実の世界で起こることですから、理論を立てる上でどうしてもあらゆる要素を一つももらさないというのは難しいでしょう。

ただ、ここで重要なことは、こういった相異なる幾つもの方法で同じテーマを研究していくと、「細部での違いはあるものの、結論が決定的には変わらない」ということです。ここでも、「幅をもたせる」ということが大切です。一つの点でぴったり合わせようとするのではなく、「大筋で結論は同じだ」という視点です。特に実測値を扱う場合は、計測した装置の違いとか、たくさんの要因が絡んできますから。

——これまでにも、そういった「幅」という視点の重要性を感じられたことはありましたか。

明石　それはたくさんありますよ。例えば第五福竜丸事件（一九五四年にビキニ環礁で行われたアメリカの水素爆弾実験によって、日本の遠洋漁船などにも放射性物質が飛散した事件）は、今から六〇年以上前に起きた事件です。この事件を今検証しようとすると、当時の研究や論文が手掛かりになります。しかし、どこでどんなデータを取ったかによって、研究結果にはかなり数字の幅が出ます。

例えば、放射性物質が飛散した島々の線量率を考える場合にも、マーシャル諸島（ビキニ環礁にある島々）には島がたくさんあります。それらの島々のうちの幾つかの島の線量率を調べて、残りはそこから計算して推定します。でも、後で実際に残りの島の線量率を実測すると少し違ったりする。しかし、実測値と理論値の差が二〜三倍程度であれば、結論には影響しません。一〇倍くらいの誤差があれば少し影響が出てくるかもしれませんけれど。

しかし、こういう「幅を掴む」という感覚を、一般の方々と共有することはとても難しいですね。例えば「一が一・二になったらもう大違いだ」と考える人は少なくないでしょう。

「社会の共通認識」として放射線の相場観を育てる

――国内に、放射線についての基礎知識があまり根づいていないという状況についてはどうお考えですか。

明石　ただ知識を文章として教科書で読んでも、実感までは難しいと思います。「ベクレル」も「シーベルト」も目に見えない概念ですから、これを感覚として掴むまでには時間が掛かるかもしれません。でも、この概念が感覚としてわかってくると、たくさんのことが「ぱっ」と見えてきます。

　ぼくも、昔は放射線の概念なんてわかっていませんでした。でも、自分の手を使って実験して、人に教えたり伝えたりしていくうちに、「感覚として」わかるようになりました。例えば、消防隊などの研修をすると、「実際に自分で測ってみてわかった」ということがよくあります。自分でいろいろな線量計を使って、いろいろな単位を換算してみて、「これくらいなら危険ではないんだな」という実感を得ていくようです。

――次世代の親になるような若い方や子供たちにとって、実際に自分の手や目で測ったり考えたりして、感覚で理解できるのは良いですね。

明石　そういった取組みはとても有効ですし、重要なことだと思います。線源（ここでは実験に使うための放射性物質のこと）を一般施設に簡単に持ち込むわけにはいかないですが、例えばこの研究所でも小学生向けの研修をして、研修後にアンケートを取っていますが、一度でも体験すると、子供自身も親もかなり感覚が掴めるようですね。

――福島第一原発事故とその後の状況から得た教

訓はありますか？

明石　「放射線というものの基礎的な概念は、社会の共通認識としてあらかじめもっておくべきだ」ということでしょうか。自然界にももちろんたくさんの放射線があります。加えて、自動車のタイヤだって、注射針の殺菌だって、輸送するジャガイモの発芽を抑える（ジャガイモの芽には毒性がある）ことにだって、放射線は至るところで使われています。今や放射線を使わなければできないことはたくさんあります。

　そういう放射線の身近さについて、もっとちゃんと伝えておかなければならなかったということは、福島第一原発事故が起きてしまってから痛感しました。社会に放射線の基本的な概念が常識としてあったなら、ずいぶん今とは状況が違っていたと思います。

　日本には、一般的な災害に対応できる職業の人はたくさんいますが、原子力災害という特殊な災害になると、対応できる人材が激減しました。それはつまり原子力災害の頻度が少ないということでもあるのですが。しかし、D-MAT《ディマット》（災害派遣医療チーム）のような人たちが福島には入れないという事態は非常に困るんです。もし、もっと多くの人たちに最低限の放射線の知識を伝えられていれば、と、それはぼくが非常に悔やんでいることです。

――放射線教育は、今回のことを教訓として、今から取り組む意味のあることですか？

明石　もちろん、今からでも放射線教育には大きな意味があります。原子力発電所は減るかもしれないけれど、今言った通り、世の中で放射線を使う量や機会が減るわけではありません。医療機関でも、すでにたくさん使われています。

　画像診断の技術が発展すればもっと使うようになるでしょうし、今後、平均寿命が延びればがんになる人も増えて、それに連れて放射線治療も発展して、使われる機会も増えていくでしょう。そういう社会が予想される中で、放射線についての正しい知識を最低限はもっていないと、ますます誤解が生じる場面は増えてくると思います。ですから、「放射線の基礎知識を学ぼう」ということは、福島県内外のどんな立場の人にも同様に伝えたいことです。

世の中に、一〇〇%安全というものはないし、一〇〇%危ないというものもありません。

例えば、自動車が時速一〇〇㎞で向かってきたら、ぼくらは「危ない」と思うでしょう。しかし、自動車は便利で生活に欠かせない道具でもありますよね。このように、自動車ならば実感できるでしょう。放射線もこれと同じことなんですが、目に見えない分、なかなか実感しにくい。体験するというのがベターですが、誰もが体験できる環境にあるとは限りません。

だからこそ、例えば義務教育で、小さい頃から身近な放射線のことを自然に知ることができる仕組みがあるとよいと思います。だって、放射線は身の回りにこれだけたくさんあって、否が応でもぼくらはその恩恵に授っているわけですからね。

「知らず知らずのうちに、当たり前のように皆が放射線についての〝安全・危険〟を、感覚として身につけている」という状況にしていきたい。今後また何かが起こってから特別に教育を始めるのは、とても難しいです。その難しさも、ぼくらはよく身に染みました。だからこそ、今すぐにでも始めるべきことだと思います。

※二〇二〇年、UNSCEARは再び原発事故後の福島について報告。原発事故後の福島で今後も健康影響が確認されることはないだろうとした。（四二頁参照）

2　原発事故後の心の健康問題

これまで見てきたように、原発事故の後、福島県の住民の外部被ばくや内部被ばくの状況は、がんなどの後発的な影響や次世代への影響を含む健康影響を心配するレベルではなかったということがわかっている。

しかし、原発事故が起きたときに住民に影響を及ぼすのは、放射線そのものだけとは限らない。チェルノブイリ原発事故が住民に与えた影響として、自殺者の増加など、むしろ心理的、あるいは社会心理的な問題が大きかったことも知られている。

福島第一原発事故は、住民の心にどのような影響を及ぼしたのか。

うつ病やＰＴＳＤ（心的外傷後ストレス障害）は、いまや先進国の国民の健康に関わる最大の問題の一つともいわれる。原発事故後の福島の住民の健康について考えてみる。

心の中に安全な場所をつくる

——前田正治氏　インタビュー

　原発事故の後、福島県が実施している県民健康調査の中に、「こころの健康度・生活習慣に関する調査」がある。これは、主に避難指示が出た区域などの住民を対象に、住民の健康を「こころ」と「からだ」の両方の面から見守りながら、必要なケアを提供するための調査である。アンケート調査の結果、支援の必要があると判断された場合には、電話などにより支援が行われることもある。

　調査の結果、地域の精神保健疫学調査において、うつ病や不安障害など、こころの健康状態を判定する尺度「K6」が一三以上（重篤な心理的苦痛がある状態）とされたのは、二〇一一年では一四・六%、二〇一五年においても日本人の平均の約二倍の七・一%になることがわかった。近年はこの数字の改善傾向も停滞しはじめている。

　福島県立医科大学医学部・災害こころの医学講座で、二〇一三年一〇月から主任を務める前田正治教授にお話を伺った。

■「見える」災害と「見えない」災害

——震災や原子力災害によるストレスとは、具体的にはどのようなものなのでしょうか。

前田　「見える」「見えない」という軸で考えると、今回の震災と原発事故には大きく分けて二つの特徴があるといえます。

　「見える」という特徴が顕著だったのが、地震とそれに伴う津波などの自然災害です。震災直後にはこれらのショッキングな映像が、テレビやインターネットなどを通じて拡散されまし

前田正治
福島県立医科大学医学部災害こころの医学講座主任教授。久留米大卒。原発事故後の福島の心のケアを研究する。福島県県民健康調査検討委員を務める

た。このことは、実際の被災地からの距離にかかわらず、日本全体に大きな衝撃と不安を与えました。

これに類した現象として、ヴェトナム戦争の際に、戦場の様子がテレビで生中継されて世界中に大きな影響を及ぼしたことが知られています。ヴェトナム戦争が「Televized war（テレビ化された戦争）」だとすると、今回はインターネットも加わった「Televized disaster（テレビ化された災害）」だといえるのかもしれません。

一方、「見えない」という特徴が顕著だったのが、原子力災害、とりわけそれに伴う放射線の問題でした。放射線は目に見えません。見えないけれど「怖いものだ」というイメージだけはある。これがいわば「あいまいな恐怖」を生み出しました。この「あいまいな恐怖」が、地震や津波など自然災害の映像の拡散による衝撃が全国的に（世界的に）広がっていたこともあってか、あいまいなまま大きく広がってしまったという側面もあるのかもしれません。

原子力災害のもつ「あいまいさ」は放射線への恐怖や不安にとどまりません。例えば津波に襲われた土地は、被災直後であれば誰が見てもここがそうだとわかりますし、復旧の状況もまた、見ればある程度はわかります。しかし原子力災害の場合、まず「どこが被災地なのか」という境界があいまいです。線量の高低も、その地点に実際に測定器を持ってこなければわかりません。また、たとえ線量そのものが十分に低くても、風評被害が起こればそこもまた被災地です。

原子力災害は人が起こした災害である上に、「どこからどこまでが被災地なのか」という線引きも、人がしなくてはならない場面が多くなります。

「なぜ私がこんな目に遭うのか」という理不尽さへの怒りが、自然ではなく人間に向かってしまう。そしてそういった怒りや悲しみが、例えば不信感や恨みとして噴き出している場合もあると思います。

――人間関係が深く関わる事件や事故によるトラウマは、特に深刻化しやすいという専門家もいます。

前田　「交通事故や犯罪被害によるＰＴＳＤの発症率は、自然災害そのものによるＰＴＳＤの発症率よりも高い」という研究が多くあります（注１）。自然災害が起こると、「皆で力を合わせて前に進もう」という、コミュニティがもともともっている力がうまく機能して、レジリエンス（心の回復力）が高まる場合が多くあります。しかし、例えば交通事故などの人がからむ事故の場合にはこういった特徴がありませんので、ＰＴＳＤの発症率は高くなります。そして、最もＰＴＳＤの発症率が高いのは、戦争や犯罪被害に巻き込まれたケースです。

つまり、「人」という要素がからめばからむほど、ＰＴＳＤの発症率は高まると考えられます。人がからむと、多かれ少なかれ、当事者が、他者を責める一方で自分をも責めてしまうんですね。他者への怒りと自責感は表裏一体ですから。見落とされやすいことですが、「持続する自責感」というのはＰＴＳＤの重要な症状の一つでもあります。そしてこれは抑うつ症状にもつながります。

原発事故の後、「私が避難しなかったせいだ」とか、逆に「私が避難したせいだ」とか、自分を強く責めてしまう例もよく見られますね。

――医療従事者や自治体職員など、自身も被災されながらも被災者の心身のケアをなさっている方々の心の健康について、以前、前田先生が講演でおっしゃっていたことが印象に残りました。

前田　被災地の医療従事者や被災自治体職員の心の健康問題は、今非常に深刻です。自治体職員の約一八％がうつ病に罹患していることもわかっています。

ぼくがこの問題に気づいたきっかけは、被災地の医療従事者の状況を知ったことでした。例えば、ある被災した病院が再開したときに、原発事故直後に避難した人としなかった人が同じ

注１：PTSDとは、Post Traumatic Stress Disorder（心的外傷後ストレス傷害）の略

職場で働くことになりました。原発事故直後に避難したスタッフは、「逃げた」という言葉で自分を責めていました。スタッフの中には、家も家族も津波によって失ってやむなく避難した人もいました。そのスタッフさえも「私は逃げたのではないか」と自分を責めていましたね。一方で、避難しなかったスタッフもまた、人員も食料も極端に不足している中で大勢の患者さんのケアをするという大変な苦労を経験しています。

被災自治体職員の多くが、自分自身も被災者なんです。それでも、この人員不足の中、住民の不安や不満、怒りなどに日々対応し続けています。さらに、「住民がこれほどがんばっているのに、自分が辛いとは言えない」という思いから、自分自身の辛さを誰かに相談することすら難しいという状態にも陥りやすい。住民の目を気にして、休みをとることをためらってしまうような人も多いようです。

職業人としての責任感の強い人ほど、こういった状況が深刻化しやすいのかもしれません。しかし、自分のためだけではなく、住民の支援を長く続けるためにも、しっかり休んで心身のケアに努めてほしいと思います。

――「避難するか、しないか」という葛藤でいえば、避難指示が出なかった地域から避難された方もまた苦しまれていますね。

前田　特に遠くの地域に自主的に避難された方にとって、「もしかしてそこまで心配しなくても良かったのかもしれない」と思い直すことは苦しいことでしょう。避難先の地域コミュニティに溶け込んで日常生活が送れていればまだよいのですが、それがうまくいかずに孤立しがちな生活を送っているような場合は、ますます苦しいでしょうね。

「線量も十分に低いし、何ら心配なく故郷で生活できるのだ」ということを今理解したとしても、「今さら故郷に戻ったら、周囲にどんな目で見られるだろうか」という不安もあると聞きます。自主避難の場合、一人ひとりが判断するという部分が大きいので、それ自体が家族間の軋轢《あつれき》を生むこともあります。また、家族内でそれぞれが別の選択をするようなケースもあるでしょう。

もちろん、避難せずにとどまった場合も、事故の直後はもちろん、今でも多くの葛藤や不安を抱えて生活されている方もいます。特に若い母親は「避難しないという選択が正しかったのだろうか」と不安になったり、何かのきっかけでそれが自責感になったりして苦しむケースもしばしばみられます。

こういったケースでは、周囲の人たちと思いを分かち合うなど、コミュニティの本来の自助的な機能をうまく働かせて、孤立感や自責感を最小限に食い止める対策が必要だと思います。

■福島における「こころ」の問題の深刻さ

前田　今、福島県で起きている非常に深刻な問題は、放射線そのものの影響ではなく、精神保健上の問題です。よく放射線による健康リスクと喫煙による健康リスクなどが比べて語られます。しかし、むしろ考慮されるべきなのは、避難した場合と避難せずにとどまった場合、あるいは帰還するかどうか、というところでの現実に即したメリット・デメリットの検証なのではないでしょうか。先の見えない避難がもたらす精神保健上の健康リスクというのは、凄まじいものがあります。

――精神保健上のリスクとは、具体的にはどのようなリスクでしょうか。

前田　最大のリスクは、うつ病の発症です。うつ病は、身体症状に比べて軽くとらえられがちですが、とんでもありません。場合によっては命にもかかわるとても深刻な病気です。世界保健機構（WHO）も、うつ病は先進国では最も健康に影響を及ぼす病気であるとしています。

福島県の人たちが味わった「故郷を失う」という体験は、強い喪失体験です。これはうつ病発症の大きな原因になり得ます。もちろん、原発事故直後に避難を選ぶことは、人の感情としてもごく自然なことだと思います。ただ、長期間の避難にはかなり大きな精神保健上のリスクが伴うことも事実です。

通常の引っ越しでさえもうつ病発症のきっかけとなる要素の一つですが、避難や移住はもちろん通常の引っ越しとは比較にならないほどのストレスになり得ます。震災直後の一時的な避難ももちろんですが、長期避難はより深刻なストレスをもたらすでしょう。避難そのものもそうですし、また慣れない避難先での人間関係がストレスを生む場合もあります。

——原発事故の後の福島県の住民の苦しさというのは、外に伝えづらいものですね。

前田　日本は不幸にも地震などの災害が多く、そのために「被災のナラティブ（被災についてみずからの体験として語ること）」とでもいうべきものをもっています。言い換えると、自然災害は日本人にとって「語ること」がしやすい部分があるのかもしれない。しかし、原発事故による被災体験は、なかなか他の人に伝えづらいですね。

これは、原子力災害という目に見えない災害による被害特有の葛藤かもしれません。伝えることの難しさのために、住民がやがて多くを語らなくなってしまう。住民が語らなくなってしまうと、外から忘れられる気がしてね。それが辛いですね。忘れられてしまうか、逆に偏見だけが残るか。

この偏見の問題は深刻です。当初は車のナンバープレートに「福島」とあるだけで騒がれるようなこともありました。このために、県外に避難した人は福島県から来たことを隠して生活していたということまであったと聞きます。

二〇一一年の冬には「わざわざ偏見の問題を指摘するとかえって偏見が起こる」という声もありました。そういった理由からこれまで本格的に対策されないままだったのかもしれませんが、結果的には偏見は終息せずむしろ固定化の方向に進んだように見えます。

――風化によって偏見だけが残ってしまうとすれば、それは深刻な問題ですね。

前田　放射性物質じゃなくても、「目に見えない何かが体に入ってきた」という印象を被害者や周囲がもつような事件や事故は、とてもネガティブな感覚をもたらすようです。ぼくはもう「汚染」という言葉自体、あまり使わない方がよいんじゃないかとすら思う。

抑うつ傾向と「リスク認知」との深い関係

前田　一般的に、PTSDの治療でCBT（認知行動療法）という心理療法が有効であるケースがあります。

今回の場合でいえば「メリット・デメリットを比較して考えてみる」ということを実際に試して、不安が減ったかどうか自己分析してみる。それからリラクゼーションも大切なことです。そのためにも最も大切なこととして、夜はしっかり眠ること。「夜も眠らずに悩む」というようなことはしないということが大切です。

帰還した住民のうち、抑うつ傾向が強い人の要因を調べたところ、放射線のリスク認知（リスクの大きさについての受け止め方・考え方）と抑うつ傾向との間には深い関係があるというデータが出ました。もちろん放射線への不安から抑うつ傾向が強くなっている人もいるでしょうけれど、むしろPTSDなどの影響で抑うつ傾向が強くなってしまったがためにリスク認知が低下している人が多い可能性が高いです。さらに、この二つがお互いに増幅し合っているとも考えられます（図1）。

一般的に、抑うつ傾向が強くなると、さまざまなことを悲観的に考えるようになります。強い抑うつ傾向の影響で、放射線による健康リスクを過大に感じてしまっているという可能性は十分に考えられます。つまり、強い抑うつ傾向がリスク認知にも影響を与えているという可能性です。

もちろん、放射線について不安を感じることそのものは当然のことであって、何ら病的なものではありません。ただし、睡眠が取れなくなっているとか、放射線以外のこともまた悲観的に考えてしまう傾向が強いといった状況であるならば、気をつけなければならないでしょう。

PTSDは心の中の「安全な場所」を壊してしまう

前田　抑うつ傾向を強める原因はさまざまです。将来を見通せないとか、環境の変化、また被災地の場合はいわゆる「復興疲れ」のようなものも重なっているでしょう。あるいは、避難先にいる間はそれほどでもなかった人が、帰還したら「震災や原発事故当時のイメージを繰り返し思い出してしまう」という、PTSDによるトラウマ反応から抑うつ傾向を強めてしまうこともあります。もちろん、はじめに放射線の影響を心配したことが原因で抑うつ状態に陥ってしまった人もいるかもしれません。幾つものデータからは、多くの被災者にはさまざまな悩みが重なっていることがうかがえます。

PTSDのトラウマ反応というのは、安全な場所を安全だと感じられなくするという特徴

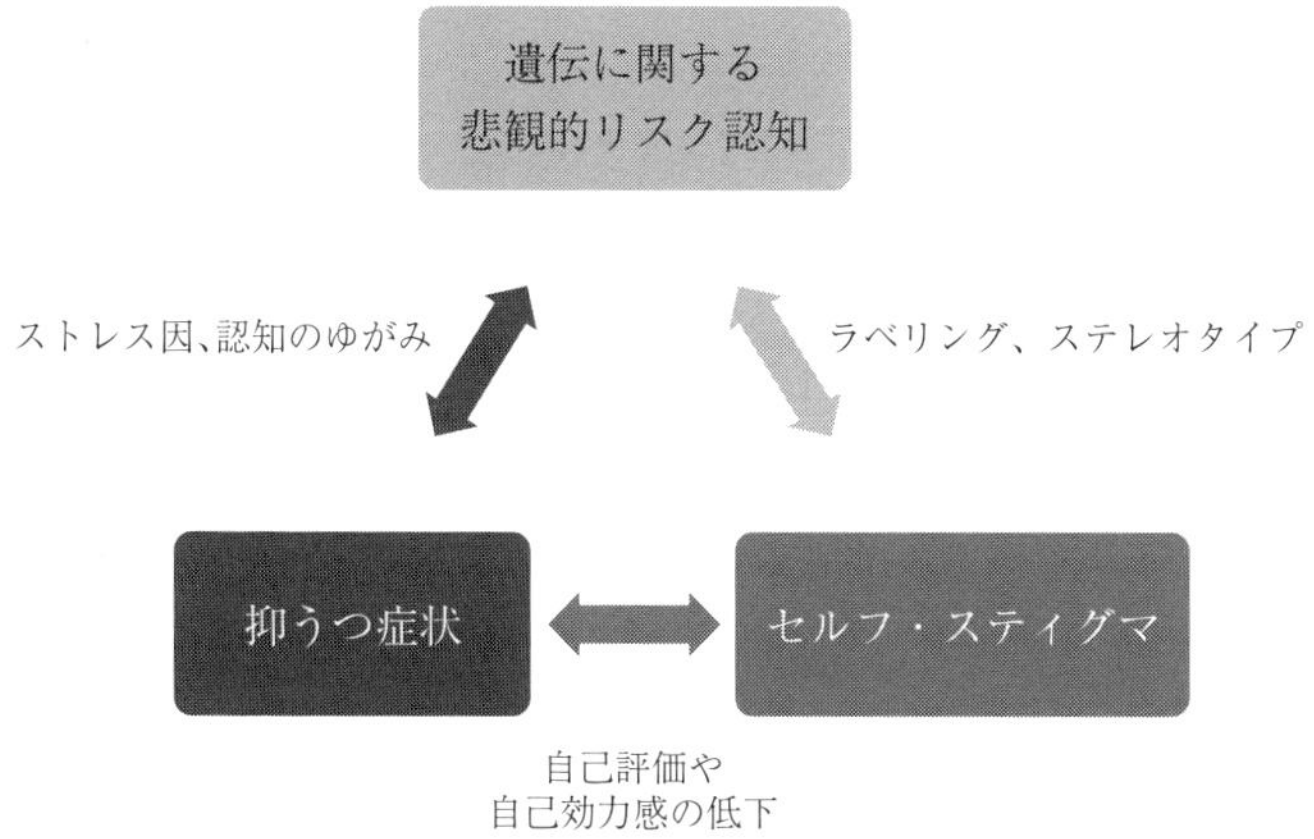

図1：リスク認知、抑うつ、スティグマの関係
前田正治氏作成

があります。例えば、ぼくらは今突然この部屋の天井が落ちてくると思いながら話していないでしょう。でもＰＴＳＤのトラウマ反応が起こると、「今にもこの天井が頭の上に落ちてくるんじゃないか」という不安に飲み込まれてしまうような状態になります。

つまり、ＰＴＳＤは、人間の心の中に本来あるはずの「安全な場所」という大切な感覚を壊してしまうんです。心の中の「安全な場所」が壊れてしまうと、線量の数字が下がっても、それだけでは十分な心理的効果が得られなくなってしまいます。客観的に安全な場所であろうとも、それを「安全な場所だ」と本人が認知できなくなっている状態です。

多くの被災者は、放射線のことだけではなく、たくさんの生活上の悩みを抱えています。あまりにも悩みが多すぎて、またそれぞれの悩みが深すぎて、結果的にみずからの心の健康を損なうほど悩んでしまう場合も少なくありません。うつ病は、自殺という非常に悲しい結果をもたらすこともあります。福島の震災関連自殺の突出した多さを考えても、このことには十分に気をつけなければなりません（注２）。

放射線による健康影響について不安に感じるのは人間として当然のことです。その上で、ＰＴＳＤや抑うつ状態などの要因がリスク認知に影響して、本人を過剰に苦しめているなら、それもまた丁寧にケアされるべきです。

「次世代への影響は考えられない」ことをきちんと伝える

――「放射線への過剰な不安による苦しみ」という状況を避けるために、何かできることはあるでしょうか。

前田　放射線についての最低限の基礎知識を伝えることがとても重要です。例えば、ぼくは次世代への影響についての不安がいまだにこれほど強いということが一番深刻な問題だと考えています。これは偏見や差別に結びつきやすい誤解だからです。

今、放射線被ばくによる影響そのものではな

注２：復興庁ホームページ「東日本大震災における震災関連死の死者数（令和元年９月30日現在）［令和元年12月27日公表］」
［https://www.reconstruction.go.jp/topics/main-cat2/sub-cat2-6/20191227_kanrenshi.pdf (2021年４月16日閲覧)］

く、「自分が福島県で生まれ育ったということが、県外の人からどのように見られてしまうのか」という不安によって苦しんでいる福島の人が少なくありません。

「何らかのリスクが次世代にまで受け継がれる」と誤解されることは、その人の人生にとって非常に大きな苦しみでしょう。例えば「あなたは子供を産めるのか」などと言われたり、ましてそのことで本人が不安に思ったりすることは、その人をものすごく苦しめます。

ですから、「放射線による次世代への影響について、福島県に生まれ育ったからといって特別に心配することはないんだ」ということは、専門家がきちんと伝える必要があります。福島県内だけではなく、県外にもしっかり伝えていかなくてはならないと思います。

そして、放射線への不安があるとして、その先の「じゃあどうすればよいのか」ということを、皆で考えていく必要があります。

例えば、交通事故の多い地域に住む人が、それだけが理由で移住することはあまりないでしょう。私たちは、常に何らかのリスクとともに生活しています。問題は「リスクがあるかないか」ということではなく、「そのリスクがどれくらいの大きさなのか」ということです。「それまでの生活を犠牲にしてまで避けるべき大きなリスクなのかどうか」という視点が大切です。

――まずは基礎知識を正しく、わかりやすく県内外に伝えていくことが大切ですね。

前田 それから、県外から支援というかたちで福島県に関わろうとするときにも、十分な配慮が必要だと思います。例えばある県外の支援団体が、原発事故の後「福島県の子供が外で遊べなくてかわいそうだ」と考えて、福島県の子供たちを招待して遊ばせていたんだそうです。子供たちは、大人たちのそうした思いとは関係なく、楽しく遊んで福島県に帰ってきます。子供たちが楽しそうだということで、支援団体の人たちは純粋に「自分たちは良いことをしているんだ」と思っていたそうです。

ところがある年、同じように福島県の子供を県外で遊ばせていたところ、ある人が「あなたたち福島県の子供は、放射能で体が毒されていてかわいそうだ」と子供たちに向かって言ったんだそうです。そしてキノコを煮たようなものを配って、「これを食べれば放射能が体から流れ出るから」と食べるように薦めたんですね。

子供たちは、「私たちは、そんなにけがれていると思われているのか」と非常に大きなショックを受けて、静まり返ってしまったそうです。泣き出してしまった子までいました。

この出来事がきっかけで「〝福島県の子供はかわいそうだ〟と思うことが、逆に福島県の子供を傷つけていた」と気づいた支援団体の人もいたようです。

「福島県の子供たちがかわいそうだ」という思いは、むしろ彼ら支援者なりの善意だったのかもしれません。でも、そういう「善意」は、子供たちに「自分はけがれている（スティグマ＝負の烙印）」という感覚を背負わせてしまう結果につながりかねない。

——そういった「スティグマ」の感覚は、子供にとってはとても苦しいものでしょう。

前田　子供たち自身、そしてその親にとって、そういったスティグマは非常に大きな苦しみとなることがあります。

例えば、原発事故後の福島県の子供の甲状腺がんについての不安も、このスティグマの感覚に深く関わっていると思います。甲状腺がんそのものの多くが命に関わるようなものではないということは、すでに知っている人も多いかもしれません。しかし多くのお母さんたちは、甲状腺がんの予後が良いか悪いかということだけではなく、「自分のせいで子供ががんになってしまったのではないか」と自分を責めたり、「放射線の影響を体に受けたのでは、などという偏見にさらされるのではないか」とわが子の将来を心配したりすることによって、非常に苦しんでいます。そういった親の苦しみを察して、誰にも言えずに辛い思いをしている子供もいるでしょう。

「正しく伝える」ことと「心のケア」との双方向アプローチが大切

──「PTSDなどに由来する抑うつ傾向の強さが悲観的なリスク認知をもたらす」ということと、「本当に放射線について不安を感じる」ということとがからみあい、また増幅しあっているということですね。

前田　だからこそ、CBTなどの心理的なケアと、放射線の基礎知識をきちんと伝えることと、双方からのアプローチをしっかり行わなければならない。

この「正しく伝える」という意味では、報道も大きな役割を担っています。

もちろん、放射線による健康影響については、きちんと科学的に研究を続けるべきだと思います。一方で、被災者が今抱えている悩みや苦しみは非常に複雑で多岐にわたります。

そして今の福島県では、放射線そのものによる影響よりは、むしろうつ病や生活習慣病などの二次的な影響の方が大きいし、かつ非常に切迫した健康問題となっています。うつ病は命に関わることもありますが、このうつ病のリスクが高い被災者はいまや数千人とも推定されています。報道する際にも、まずはそういった現状を把握した上での配慮が不可欠だと思います。

かつて、県民健康調査検討委員会の記者会見で、甲状腺検査に伴う住民の方々の不安が話題になった際のことを鮮明に記憶しています。ある記者が「それは単に情緒的な問題でしょう」と言いました。この記者がもし「原発事故と甲状腺がんの発症との関係をつきとめることに比べたら、住民の不安はそれほど重要なことではない」と考えていたのであれば、これは非常に驚くべきことです。

住民の不安は、ただの一過性の情緒の揺らぎなどではあり得ません。それどころか、人生そのものに深い影響を与え、場合によっては命にさえ関わるうつ病の発症という深刻な状況にすら結びつくこともあるのです。

ですから、そういった住民一人ひとりの不安への配慮をせず、「甲状腺がんが新たに何人見つかった」というような点にばかり焦点を当てるような報道姿勢には、ぼくは強い違和感を覚えます。そういった報道には、生身の被災者、ひいては人間に対する敬意を感じません。

心理的なケアをする場合にも、また正しい知識や情報を伝える場合にも通じることですが、これほどの被災を生き延び、生活する方々をきちんと尊敬するということはとても重要なことだと思います。

基礎知識③

原発事故による心の健康影響

原発事故後の福島県について、知っておきたい基礎知識の三つ目は、こころの健康影響である。原発事故が住民にどのような精神保健上の影響をもたらしたのか、今もさまざまな側面から研究が行われている。

■原発事故後の帰還者の心理的苦痛

原発事故後、避難指示が出された地域の避難指示は、その後、段階的に解除され、帰還した住民も生活を営んでいる。

村上道夫准教授（福島県立医科大学）らの研究グループが、帰還者の「心理的苦痛（将来への不安や気分の落ち込みなど）」について調査した（注1）。その結果、重篤な心理的苦痛を抱える帰還者の割合は、平時の全国平均の二倍を超えることが明らかになった。

研究グループは、避難指示が出された区域を含む九市町村（田村市、南相馬市、川俣町、広野町、楢葉町、富岡町、川内村、葛尾村、飯舘村）の二〇～七九歳の住民計二〇〇〇人を対象に、二〇一八年一月にアンケートを実施した。アンケートは郵送で行い、対象者の三一％にあたる六二五人が回答した。

調査では、前掲した前田正治氏のインタビューでも出てきた「K6」が使われた。住民の心理的苦痛を示す国際的な指標である。K6では、「絶望的だと感じましたか」などの六つの質問に対する回答を数値化・集計し、値が高いほど心理的苦痛が大きいとされる。K6で二四点中一〇点以上の心理的苦痛がある場合、

注1：Murakami, M., et al. (2019) Lower Psychological Distress Levels among Returnees Compared with Evacuees after the Fukushima Nuclear Accident. *The Tohoku Journal of Experimental Medicine*, 247 (1). doi: 10.1620/tjem.247.13

心配や不安感が継続している可能性がある。また一三点以上では、社会生活に著しい困難が生じるほど深刻な精神的不調をきたしていることが懸念される。

調査の結果、K6で一三点以上だったのは帰還した人で六・五%、避難を継続している人で一一・四%であった。過去の研究で、平時の国内平均で一三点以上を示す人の割合は三%ほどとされている（図2）。また、帰還した人で一六・八%、避難を継続している人で二五・五%が、K6で一〇点以上でした（全国平均は一〇・三%）。

この調査で、避難後に帰還した住民の場合も、避難を継続する住民の場合も、心理的苦痛の度合いは全国平均を大きく上回っていることがわかった。

研究グループは「帰還した人でも避難継続している人でも、心理的苦痛を抱える人の割合は、全国値より高かった。避難している人の心理的苦痛へのケアと同時に、帰還した人へのケアも重要である。帰還した方には高齢者が多く、生

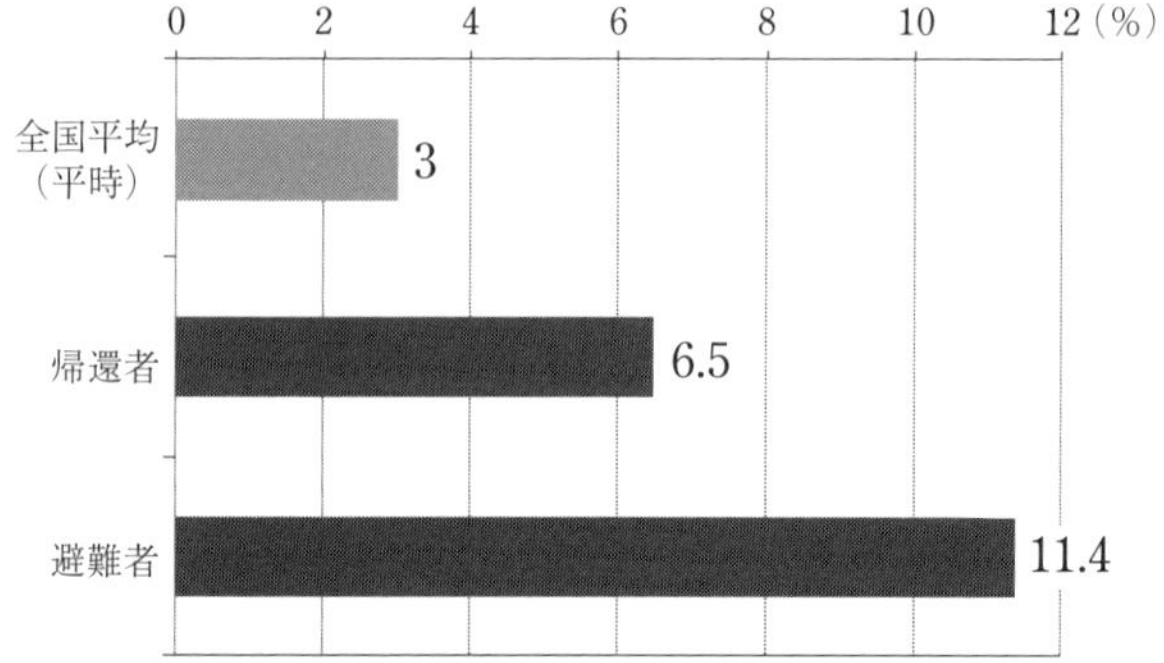

図2：「K6」が13点以上の割合

出典：Murakami, M., et al. (2019) Lower Psychological Distress Levels among Returnees Compared with Evacuees after the Fukushima Nuclear Accident. *The Tohoku Journal of Experimental Medicine*, 247 (1). doi: 10.1620/tjem.247.13

活環境の変化による影響も受けやすい。それぞれの課題にあわせた、長期にわたる支援の必要がある」と指摘している。

また、福島県県民健康調査の一環として「こころの健康度・生活習慣に関する調査」が行われている。この調査でも、原発の周辺に住む人々の「こころの健康度」については、原発事故直後に大きく悪化し、その後は徐々に改善しているものの、まだ全国平均レベルには届いていないことがわかっている。

この調査でも「K６」が使われており、対象となるのは、原発事故後に避難指示が出た地域を含む一三市町村（広野町、楢葉町、富岡町、川内村、大熊町、双葉町、浪江町、葛尾村、飯舘村、南相馬市、田村市、川俣町、伊達市の一部）の住民である。

福島県立医科大学によると、二〇一九年二〜一〇月に実施した調査の結果、K６が一三点以上だった住民の割合は、二〇一一年の一四・六％から年々減少し、五・七％にまで下がったという。それでも、福島県で避難指示が出た地域の住民は、平時の国内平均の三％より一・九倍も高いことがわかる。

3　甲状腺検査と廃炉汚染水対策

福島第一原発事故から一〇年が経過した。この間に集まったデータと、その研究結果によって、福島の住民の放射線被ばく線量が、健康に影響を及ぼすレベルではなかったことがわかっている。一方で、心理社会的影響が深刻であることも明らかになってきた。

本章では、専門家の間で今も見解の分かれている課題について考える。ここで取り上げる課題の他にもいくつもあるが、今回は、福島県の実施する県民健康調査の一環として行われている甲状腺検査をめぐる課題と、福島第一原発廃炉措置に伴う汚染水対策のうち、ＡＬＰＳ（多核種除去設備）で処理された水（処理水）の処分をめぐる課題について考察する。

福島の甲状腺検査を概観する

福島第一原発事故の後、最も心配された健康影響は、子供の甲状腺がんである。一九八六年のチェルノブイリ原発事故の後に、子供の甲状腺がんの増加が世界的に注目されたためだ。

「福島県の子供の甲状腺がんは、原発事故の影響で増えるのか」「そもそも甲状腺がんとはどんな病気なのか」そういった疑問や不安は、原発事故後一〇年経った今でも時折県内外で聞かれる。

福島県の子供の甲状腺がんについて、知っておかなければならないことが二つある。

(1) 福島第一原発事故による甲状腺の放射線被ばく線量は、がんリスクを上げるほど高くなかった。

(2) 甲状腺がんの九〇％以上を占め、また放射線被ばくによって引き起こされる可能性あるタイプのがんは、治療しやすい。

この二点を念頭に置き、原発事故後の福島県における甲状腺がんについて考える。

福島第一原発事故の際、原発から放射性ヨウ素という放射性物質が飛散した。その量は、一九八六年に起きたチェルノブイリ原子力発電所の事故のときの一五分の一程度（注1）ということがわかっている。放射性ヨウ素は、甲状腺（喉元にある代謝などを司る小さな臓器）にたまりやすく、特に子供の甲状腺がんのリスク要因とされる。

チェルノブイリ原発の事故では、周辺地域に住む子供に甲状腺がんが増えた。一九九一年から二〇一五年の間における、ベラルーシ、ウク

注1：UNSCEAR2020年報告書
［https://www.unscear.org/unscear/en/publications/2020b.html (2021年3月18日閲覧)］

ライナ、ロシアの最も汚染の高かった四地域での甲状腺がんの総症例数が報告されている（注2）。原発事故当時一八歳以下だった住民の中に、二万人を超える人に甲状腺がんが見つかっている。

こうした経験から、「原発事故後の福島県で、子供たちに甲状腺がんが増えるのではないか」という不安の声が多くあがった。福島県は、県民の不安に応じ、二〇一一年一〇月から、原発事故当時一八歳以下だった全県民を対象に、甲状腺検査を始めた。検査は、福島県が福島県立医科大学に委託し、チェルノブイリ原発事故の頃よりも高い精度の超音波機器を使って行われることとなった。

■「放射線の影響とは考えにくい」

甲状腺検査には、前述のような「不安を解消する」ほかに、原発事故による放射線被ばくの甲状腺への影響を調べるという目的もある。

福島県立医科大学の発表によると、二〇二〇年六月までの間に、二五二人が甲状腺がん（悪性）ないし悪性疑いと判定され、このうち二〇三人が手術を受けている（注3）。ただ、甲状腺がんは、原発事故の有無にかかわらず、もともと一定の割合で見つかる。したがって、検査で見つかった甲状腺がんの症例が、そのまますなわち原発事故による放射線被ばくの影響で増えたものであるということにはならない。検査で見つかった甲状腺がんと原発事故による放射線被ばくとの影響を分析して評価するために、疫学などの専門家が検討を重ねている。

例えば、原発事故の前後での甲状腺がんの発生率を比べることができるだろうか。これはできないことがわかっている。原発事故前後での甲状腺がんの発生率を比べるためには、原発事故後のデータだけではなく、原発事故前の甲状腺がんの発生率のデータが不可欠である。ところが、これまで、症状が出る前の甲状腺がんを大規模に見つけようとした検査は行われたことがないため、このデータは存在しない。

甲状腺検査評価部会と、その上部組織である福島県「県民健康調査」検討委員会は、これま

注2：UNSCEAR2008年報告書
［https://www.unscear.org/docs/reports/2008/11-80076_Report_2008_Annex_D.pdf (2021年3月18日閲覧)］

注3：良性結節1人、乳頭がん199人、低分化がん1人、濾胞がん1人、その他の甲状腺がん1人
福島県ホームページ『第40回「県民健康調査」検討委員会（令和3年1月15日）の議事録について　参考資料4』
［http://www.pref.fukushima.lg.jp/uploaded/attachment/422943.pdf (2021年4月23日閲覧)］

でに二度、福島の甲状腺検査で見つかった甲状腺がんについて、「放射線の影響とは考えにくい」「放射線の影響の可能性は小さい」としている（注4、5）。

最初に評価した際、その理由として、以下の四点をあげた。

(1)　甲状腺被ばく線量がチェルノブイリ事故と比べて総じて小さいこと（図1）。

(2)　チェルノブイリ原発事故後に甲状腺がんの増加が見られ始めるまでの期間に比べて、二〇一一年三月の原発事故による放射線被ばくから一巡目の甲状腺がん発見までの期間が短いこと（図2）。

(3)　地域別の発見率に大きな差がないこと。

(4)　一巡目の検査では、事故当時五歳以下だった幼い子供にがんが見つからなかったこと。

チェルノブイリ原発事故の際に飛散した放射性ヨウ素の量は、福島第一原発事故と比較して約一五倍とされている（前掲注1）。また旧ソ

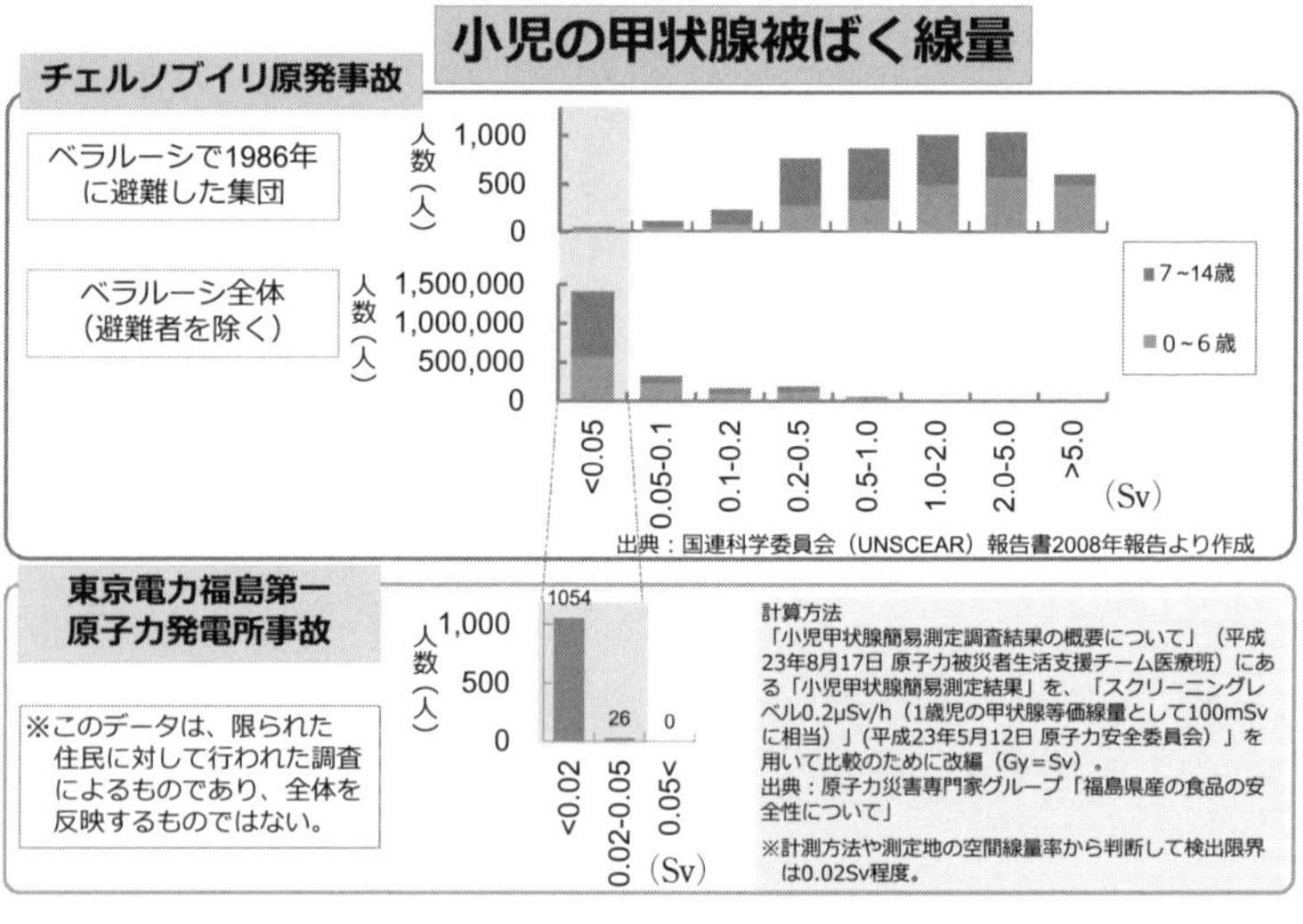

図1：チェルノブイリ原発事故と福島第一原発事故との比較（甲状腺線量）
出典：環境省「放射線による健康影響等に関する統一的な基礎資料（平成30年度版）」[http://www.env.go.jp/chemi/rhm/h30kisoshiryo/h30kiso-03-01-04.html (2021年1月10日閲覧)]

注4：福島県ホームページ「県民健康調査における中間とりまとめ」
[https://www.pref.fukushima.lg.jp/uploaded/attachment/158522.pdf (2021年3月18日閲覧)]

連は牛乳の放射性ヨウ素の基準値を三七〇〇Bq／kgに定め、基準値を超えた分の原乳は牛乳として流通しないようにしたが、乳児用の粉ミルクやその他の乳加工品の基準値を定めなかったため、三七〇〇Bq／kgを超えた原乳が乳児用の粉ミルクとして流通した（注6）。

また、チェルノブイリ原発事故当時の政治的事情もあり、小規模農家や個人の農家には基準値などの情報が十分に伝わりにくかったという問題もある。また、ウクライナは内陸部であるため、海藻などを日常的に摂取する習慣がなく、ヨウ素欠乏による甲状腺腫がもともと風土病として蔓延していた。そのため、放射性ヨウ素を吸収しやすかった可能性も指摘されている。

福島第一原発事故の後、二〇一一年三月一七日に、それまで輸入食品にしか存在しなかった食品中の放射性物質に関わる基準値が暫定的に定められた。暫定基準値は、牛乳および乳製品については三〇〇Bq／kgとされた。同時に乳児暫定基準値も定められ、乳児用の牛乳や粉ミルクに関しては一〇〇Bq／kgとされた（注7）。

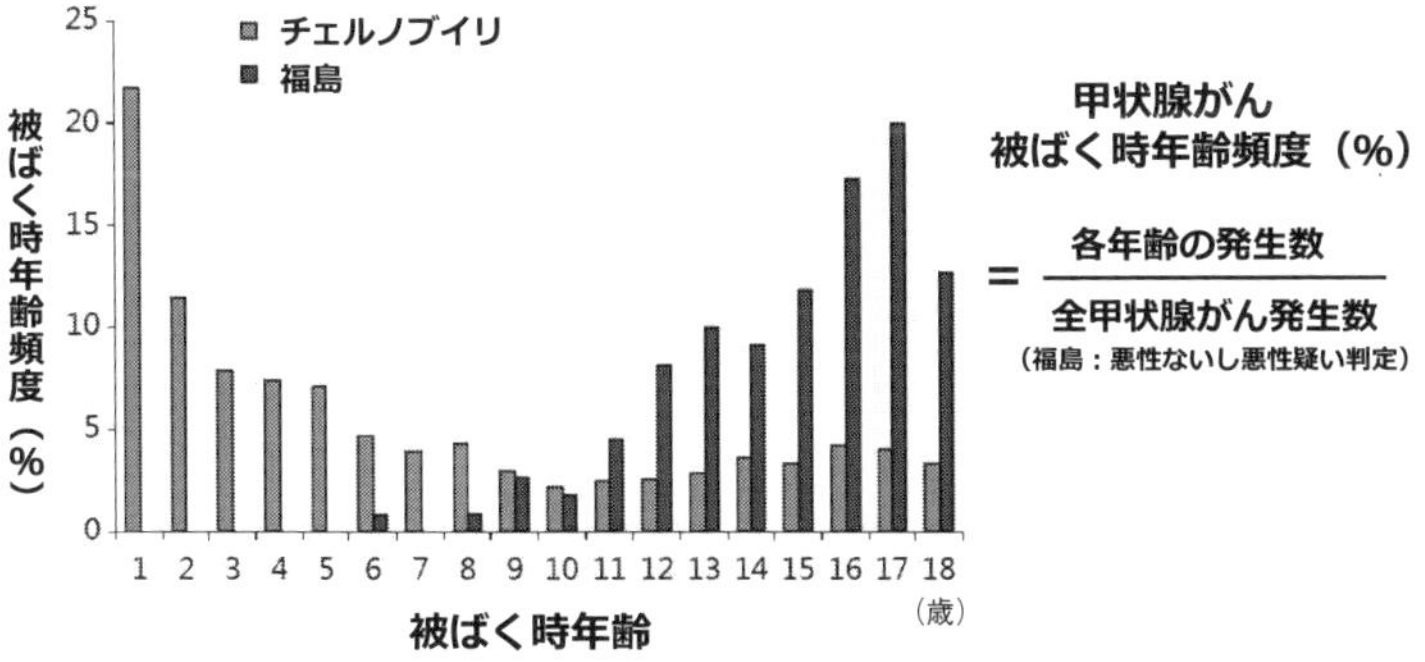

図２：チェルノブイリと福島で観察された小児甲状腺がんの被ばく時年齢頻度分布（各地域の発生数に占める、被ばく時年齢別の発生割合）

出典：環境省「放射線による健康影響等に関する統一的な基礎資料（平成30年度版）（Williams, D. *European Thyroid journal*, 2015: 4: 164-173 より作成）
[http://www.env.go.jp/chemi/rhm/h30kisoshiryo/h30kiso-03-07-25.html (2021年1月10日閲覧)]

注5：福島県ホームページ『第35回福島県「県民健康調査」検討委員会（令和元年7月8日）について』
[https://www.pref.fukushima.lg.jp/site/portal/kenkocyosa-kentoiinkai-35.html (2021年3月18日閲覧)]

注6：東京大学大学院農学生命科学研究科食の安全研究センター（2012）「畜産物中の放射性物質の安全性に関する文献調査報告書」
[http://www.frc.a.u-tokyo.ac.jp/pdf/report_all.pdf (2021年1月10日閲覧)]

また、海が近い日本では海藻などからのヨウ素摂取が日常的であり、過度の放射性ヨウ素吸収は起きにくい状態だったという指摘もある（注8）。

チェルノブイリ原発事故の被災地では、「初期被ばく線量が高かった」「五年以上経過してから甲状腺がんが多発した」「乳幼児の患者が多かった」などの傾向があったが、福島県ではこれらの特徴は見られなかった。また、福島第一原発に近い地域と遠く離れた会津地方と、避難指示が出た地域の間にも、発症率の有意差がなかった。二巡目の検討は四地域区分よりもより細かく分けた市町村別で行われたが、それでも放射線被ばくと甲状腺がん発症率との間に関係は見られなかったと評価された。

県民健康調査検討委員会の見解に加え、国際原子力機関（IAEA）は、二〇一五年に公表したレポートで「事故による放射線被ばくの影響とは考えにくいことを示唆している」としている。また、原子放射線の影響に関する国連科学委員会（UNSCEAR）も、二〇一六年、二〇一七年に公表した福島第一原発事故について報告する白書で、このIAEAの見解を踏襲した（注9、10）。その上で、この見解に異を唱えた岡山大学津田敏秀教授が発表した論文について、「放射線によって甲状腺がんの発見率が増加したことを実証したと主張しているが、この調査には重大な欠陥があることが判明している」とした。

このように、国際的な専門家の間では、「福島県の子供に見つかった甲状腺がんについては、原発事故による放射線被ばくの影響とは考えにくい」という見解で合意がなされつつある。

福島県の甲状腺がんは「多発見」

原発事故による放射線被ばくによって増えているわけではないとすれば、なぜ、二〇〇人以上の福島県の子供や若者に甲状腺がんが発見されたのだろうか。

まず、甲状腺がんは他の多くのがんと比べると進行が遅く、小さな甲状腺がんならば生涯健康に影響を与えないことで知られている。また、

注7：2012年4月以降の暫定基準は、それぞれ大人用乳・乳製品で100Bq/kg、乳児用乳・乳製品で50Bq/kg

注8：大津留晶他（2015）「甲状腺がんと放射線障害」『日本内科学会雑誌』104, pp.593〜599

注9：IAEA「福島第一原子力発電所事故事務局長報告書」
［https://www-pub.iaea.org/MTCD/Publications/PDF/SupplementaryMaterials/P1710/Languages/Japanese.pdf (2021年3月18日閲覧)］

注10：UNSCEAR2016年白書
［https://www.unscear.org/unscear/en/publications/Fukushima_WP2016.html (2021年3月18日閲覧)］

ごくまれに進行した場合でも、症状が出てから治療をしたとしても予後は良く、死に至ることは滅多にない。

　韓国の例によれば、甲状腺がん検診を乳がん検診とセットで安価に行えるプログラムを運用した結果、運用前に比べて二〇年足らずの間に甲状腺がん患者が一五倍以上と爆発的に増加し、それに伴って甲状腺がんの治療を多く行ったが、しかし甲状腺がんによる死亡率はまったく変化しなかった（注11）。

　前述の通り、小さな甲状腺がんを潜在的に抱えて生きている人は、従来よりもずっと多いことがわかってきた。症状を自覚しなければ、甲状腺がんを疑って病院に行くこともない。これまで見つかる無症状の甲状腺がんは、他の病気の定期健診や治療中にたまたま発見されるようなものがほとんどだった。元気な子供たちの甲状腺に超音波を当ててがんのスクリーニングをするようなことも、通常では考えられない。もし、福島県以外の地域で、福島県の甲状腺検査と同じ規模の甲状腺検査を実施すれば、やはり従来考えられていた数十倍の甲状腺がんが見つかることだろう。今、福島県では、大規模な甲状腺の超音波検査による「甲状腺がんの多発見」が起きていると考えられる。

　福島県の甲状腺がんを考えるために、重要な二つのキーワードがある。「過剰診断」と「前倒し診断」である。

　無症状のうちに見つかる小さな甲状腺がんの多くは、悪さをしない。一生悪さをしないがんは、診断する必要がない。この、一生悪さをしない＝診断する必要のない疾患を診断することを、「過剰診断」と呼ぶ。

　一方、今は無症状でも、将来進行して、何らかの症状を呈する甲状腺がんもある。福島の甲状腺検査では、このような「将来的に症状が出て治療するとしても、今のところは症状が出ていない」というごく初期の甲状腺がんを見つけている可能性もある。これを「前倒し診断」と呼ぶ。

　先にあげたＩＡＥＡとＵＮＳＣＥＡＲの見解は、「事故後の福島県で見つかった甲状腺が

注11：Ahn, HS. et al. (2014) Korea's thyroid-cancer “epidemic” – screening and overdiagnosis. *The New England Journal of Medicine*, 371 (19). doi: 10.1056/NEJMp1409841

んは『過剰診断』と『前倒し診断』による可能性が高い」とも言い換えられる。

■甲状腺検査の利益と不利益

その一方で、それを調べることを目的の一つとしている甲状腺検査そのものに、深刻な問題があるのではないかという指摘がある。放射線の外部被ばく量調査などとは違い、甲状腺検査は、がんを発見してしまうという特徴があることによる問題である。住民が安心して生活を営めるようにという当初の目的とは別に、甲状腺検査は、がんスクリーニングの性質をもつことになってしまったのである。

スクリーニングとは、一般に、無症状の集団に対するある病気の可能性の有無をふるい分けることを指す。例えばここでは、原発事故当時一八歳以下だった全福島県民に対する、甲状腺がんの可能性の有無をふるい分けることである。

すべてのスクリーニングは不利益を伴う。機器の精度が良くなったとはいえ、外から見るだけでは病変が確かにがんかどうかまではわからないため、偽陰性や偽陽性が起こる。それだけではなく、病変が確かにがんであったとしても、過剰診断の可能性がある。過剰診断は、本来ならば一生悪さをしなかったはずの病変を見つけてしまうことを指す。甲状腺がんなど、進行が極めて遅く、症状が出てからの治療がしやすい病気でよく起こる。

福島県立医科大学で甲状腺検査を始めた医師らは、過剰診断の不利益を見込んで、福島県の甲状腺検査に独自の診断基準を設定した（注12）。しかし、どれほど注意しても事前に避けることができないのが、スクリーニング検査における過剰診断である。

いくつかタイプがある甲状腺がんのうち、放射線によって引き起こされるのは「甲状腺乳頭がん」と呼ばれるタイプの甲状腺がんである。このタイプの甲状腺がんは、別の要因で亡くなった方の遺体を解剖すると、高確率で見つかることで知られている（注13）。

つまり、もし発生しても、無症状で潜伏する

注12：鈴木眞一（2017）「福島原発事故後の福島県小児甲状腺健診と小児甲状腺癌」『医学のあゆみ』260（9）, pp. 813-818

注13：Furuy-Kanamori, L. et al. (2016) Prevalence of Differentiated Thyroid Cancer in Autopsy Studies Over Six Decades: A Meta-Analysis. *Journal of Clinical Oncology*, 34 (30). doi: 10.1200/JCO.2016.67.7419

期間が非常に長いがんだということになる。そして、私たちのかなり多くが、実は甲状腺がんを持ったまま、何の支障もないばかりか、その存在に気づくことすらなく、日常生活を送っているということでもある。

別の要因で亡くなるまで発症しなかったかもしれないとはいえ、見つけてしまえばがんはがんだ。スクリーニングではなく見つかったがんに対する従来の治療の規準に基づき、生涯受けなくても済んだはずの手術を受けることになるだろう。ずっと高齢になってから発症するはずだったがんを、若年者のうちに診断されるケースであれば、良いことであるように思える。しかし、わざわざ子供や若者のうちに見つけ出しても、もう少し後で見つけても、治療しやすいのがこのタイプの甲状腺がんであることがわかっている。若いうちに見つかれば、その後「がんサバイバー（がん体験者）」として過ごす人生の時間は、成人してからよりも長くなる。また、小児期や若年期にがんと診断されることによって、生命保険の加入に影響するなどの現実的な損害を被ることもある。小児がんのサバイバーが、あってはならないこととはいえ、結婚や就職時に差別を受ける事例もある。さらに、福島の甲状腺がんに関していえば、「放射線によって体がけがされた」というみずからに対する刻印（セルフスティグマ）により、精神的に不調をきたした例もある。もちろん、受けずに済んだ手術を受けることが不利益であることは論をまたない。

過剰診断には、さまざまな不利益がある。最もわかりやすいのは、過剰診断が過剰治療に結びついた場合である。発見しなければ受けなくて済んだ治療、ときには手術のような侵襲性の高い治療を受けることになる。

甲状腺検査による不利益はまだある。甲状腺検査によって新たに見つかった症例数が発表されるたびに報道され、かえって住民の不安を呼ぶ。県外には風評被害にもつながりかねない。

また、甲状腺がんの治療しやすさなどの知識の有無にかかわらず、がんの告知を受けることそのものが患者に大きな精神的ショックを与えることも考慮しなければならない。

国立がんセンターによると、がん告知を受けた患者は、告知のストレスにより適応障害や気分障害（うつ状態）、せん妄（幻覚や不眠など）という状態に陥るという。本人だけではなく、家族も、不安や自責などの精神状態に陥ることがある。また、医師を目指している学生が、研修で相互に甲状腺検査をしたときに甲状腺がんが発見される場合がある。医師国家試験を志す学生は、甲状腺がんのほとんどが「無実」であることを十分に知っているが、それでも強いショックを受けるという。まして、がんの告知のショックが放射線のイメージと結び付きやすい福島の子供や若者、その家族ではどうだろうか。

「私は子供を守りたい」

福島市内で農家を営む三〇代の母親から相談を受けた。

「風評被害も大変だけれど、健康でさえいれば、いずれ商売は持ち直せると信じています。でも、ただ一つだけ心配なのは甲状腺がん。テレビをつけると、甲状腺がんが増えたとかまた見つかったとか、しょっちゅうアナウンサーが怖い顔で言っている。一般人は、がんと聞くだけでどきっとします。テレビは子供も見るから、『自分がいつかがんで死んじゃうかも』と刷り込まれてしまうような気がして、それも心配です。私は、子供だけは守りたいんです。」

甲状腺がんへの不安を煽る報道は「福島県の子供を守る」という文言のもとでなされることが多い。しかしながら、こういった極度のストレスが子供に与え続けている深刻な影響を「問題ではない」とするような、いわば新しい「安全神話」が、今なお福島県の子供たちを傷つけている。本当に子供を守るために今必要なことは、世界の専門家たちが一丸となって積み上げてきた科学的な知識を学び、勇気を出して検査の必要性を再度天秤にかけてみることなのではないだろうか。

甲状腺検査の倫理的問題
——髙野徹氏　インタビュー

福島県の甲状腺検査の疫学研究としての側面

二〇一一年一〇月以降、福島県では県民健康調査の一環として、甲状腺検査を行っている。甲状腺検査の実態は、甲状腺がんのスクリーニング検査（無症状の集団に対して超音波で甲状腺の状態を調べる検査）である。

甲状腺検査を含む県民健康調査の目的は当初「県民の不安を解消すること」と「県民の健康を見守ること」とされていた。二〇一六年に県は県民健康調査についての中間とりまとめを出し、県民健康調査の目的を「事故による被ばく線量の評価を行うとともに被ばくによる健康への影響について考察すること」と「事故の影響が県民の健康に及ぶ事態を想定してその予防や治療に寄与すること」としている（注1）。

このことから、二〇一八年一月二六日に開催された甲状腺評価部会において、現在行われている甲状腺検査の目的の一つとして「（福島第一原発事故による）放射線と甲状腺がんとの関連を正しく評価すること」を明記すべきであるという意見が出された。

ある集団の健康関連問題と、それに影響するような何らかの要因（食べ物や薬、生活環境など）との関係を明らかにして、健康問題を解決する対策を立てるための研究を疫学研究と呼ぶ。

福島県で行われる甲状腺検査に、「原発事故による放射線被ばくと甲状腺がん発生率との関連を明らかにする」という目的があるのであれ

注1：甲状腺検査［本格検査（検査2回目）］結果概要に記載されている目的は「子供たちの健康を長期に見守るために、現時点での甲状腺の状態を把握するための先行検査に引き続き、甲状腺の状態を継続して確認するため」とされる

また、「県民健康調査」検討委員会設置要綱における目的は「県民の被ばく線量の評価を行うとともに、県民の健康状態を把握し、疾病の予防、早期発見、早期治療につなげ、もって、将来にわたる県民の健康の維持、増進を図ること」とされる

さらに、甲状腺検査評価部会設置要綱における目的は「甲状腺検査について、病理、臨床、疫学等の観点から専門的知見を背景とした議論を進め、適切な評価を行っていくため」とされる

ば、この検査には疫学研究の側面があるということになる。疫学研究は、人間を対象とする研究であり、十分な倫理的配慮が必要となる。

福島県の甲状腺検査について、その疫学研究的側面を鑑み、倫理的観点から評価し直すべきであるという意見が、二〇一八年一月の甲状腺検査評価部会でも出された。

大阪大学で甲状腺の研究を専門とし、治療にもあたる髙野徹氏にお話を伺った。

インタビュー　髙野徹氏

■福島県で見つかっている子供の甲状腺がんは放射線の影響とは考えにくい

――二〇一六年に、県民健康調査の中間とりまとめが出されました。ここでは、現在見つかっている福島県における甲状腺がんは放射線の影響とは考えにくいと評価されています。この見解は現在においても有効な見解でしょうか。

髙野　福島県の県民健康調査検討委員会は、今もこの中間とりまとめの見解を変更していません。また、私もこの見解は二巡目以降も引き続き有効だと考えています。

当初から、甲状腺の専門医で福島第一原発事故による放射線の被ばくによって、子供の甲状腺に健康影響が出ると思っている方はほとんどおられませんでした。私の知る限りでは皆無であったと言ってもよいでしょう。甲状腺の超音波検査を普段からなさる機会の多い専門医の中には、県民健康調査の中で甲状腺検査を始めようという初期の段階で、すでに過剰診断（超音波検査で見つけなければ一生症状が出ることがなかったものを見つけてしまうこと）の危険性を訴える方もいらしたほどです。

しかし、現実的には県民の不安も強く、県に甲状腺検査の要望も出ていた状況の下でしたから、検査を始めないわけにもいかなかったと思います。当時、県が公式に検査を始めなかったら、民間で無秩序な状態で検査が行なわれるなど、それはそれで大きな問題が起こっていたこ

髙野徹
りんくう総合医療センター・甲状腺センター長、大阪大学大学院医学系研究科非常勤講師。福島県県民健康調査検討委員および甲状腺検査評価部会員も務めた

とでしょう。

——実際、福島県で行われている検査とは別に、民間の団体が独自の基準で行う検査の結果が散発的に報告されることで、混乱を助長した可能性も指摘されています。

髙野 我々甲状腺の専門医は、無症状の人に甲状腺の超音波検査を行うことにより、その人に害をもたらす可能性があることを知っています。ですからこれまでも、甲状腺の超音波検査は、本当に必要な人だけに対して慎重に行うようにしてきました。

しかし、福島県で県民健康調査が始まったことにより、超音波検査で甲状腺の小さな異常を見つけることがあたかも「良いこと」であるかのような誤解が広まってしまいました。その結果、まったく症状のない子供や若者の甲状腺に何のためらいもなく超音波を当てることが日本全国で行われるようになってしまいました。これはとても気になるところです。

ただし、福島県で始まった検査は、世界で前例のない規模での子供に対する甲状腺スクリーニング検査でしたから、計画を立てた段階では、どのような影響が出るのか判断するための材料も乏しかったことは否めません。実際、ここまで深刻な過剰診断の被害が出るとは予想外だったのではないでしょうか。

甲状腺がんの「自然史」

——髙野先生は甲状腺の専門医として、当時この甲状腺検査についてどのような見方をされていましたか。

髙野 わたしは福島第一原発事故の前から、「甲状腺がんは子供の頃からすでにできていて、そのほとんどは一生悪いことをしない」と報告してきました。当然、福島県で子供のスクリーニング検査をしてしまえば、甲状腺がんがたくさん見つかるだろうということは十分に予想できました。しかし、二〇一一年当時はこのような考えをもっている専門家はほとんどいなかったのではないかと思います。

「韓国で成人女性に甲状腺超音波スクリーニング検査をしたところ、たくさんの過剰診断例が発生した」という事実（注2、3、4）が明らかになったとき、韓国で私の論文が読まれるようにもなり、二〇一五年には実際に韓国に招かれて講演をしました。

その時点で、韓国の国内ではすでに「甲状腺超音波スクリーニング検査による過剰診断は深刻な問題だ」という共通認識ができ始めていました。正しい認識が浸透して受診者数も下がり、過剰診断の被害が減り始めている、という話を聞いて安心して帰国しました。当時、私は「福島で検査を仕切っている専門の先生がきちんと韓国のように収束させてくれるはずだ」と楽観視していたのです。

韓国から帰った翌週にちょうど福島市で日本甲状腺学会がありました。そこで、「福島県民の安心のために甲状腺超音波スクリーニング検査をがんばります」とおっしゃる先生がいました。私はこのご発言に非常な違和感を覚えて「甲状腺検査の危険性に対する対策を考えた方が良いのでないか」といった発言をしたところ、多くの批判を受けたことを記憶しています。このときに初めて「福島県の甲状腺検査は深刻な事態になっているのではないか」ということに気づきました。

そこで、自分の研究室のホームページを使って、福島県の甲状腺検査についての情報を発信し、専門誌にも寄稿して甲状腺スクリーニング検査の危険性も訴え、まずは検査の関係者に「英断」を期待しました（注5）。しかし、先行検査が終わって二〇一六年に中間とりまとめが出ましたが「これで終わりにしよう」ということにはどうやらなっていない。そのまま二巡目、三巡目、間もなく四巡目が始まるということですが、これは非常に危機的な状況だと思います。

――なぜ甲状腺スクリーニング検査が継続されることが危機的状況であるといえるのでしょうか。

髙野　一般的にがんは加齢とともに増加しま

注 2：Ahn, HS., et al. (2014) Korea's thyroid-cancer “epidemic” – screening amd overdiagnosis. *The New England Journal of Medicine*, 371 (19) . doi: 10.1056/NEJMp1409841

注 3：Lee, JH. and Shin, SW. (2014) Overdiagnosis and screening for thyroid cancer in Korea. *The Lancet*, 384 (9957). doi: 10.1016/S0140-6736 (14) 62242-X

注 4：SYNODOS「韓国の教訓を福島に伝える―韓国における甲状腺がんの過剰診断と福島の甲状腺検査」

［https://synodos.jp/fukushima_report/21930 (2021 年 1 月 10 日閲覧)］

注 5：大阪大学医学系研究科甲状腺腫瘍研究チーム「10 分でわかる甲状腺がんの自然史と過剰診断」

［http://www.med.osaka-u.ac.jp/pub/labo/www/CRT/OD.html (2021 年 1 月 10 日閲覧)］

す。特に甲状腺がんの場合、上昇のピークが他のがんより早く、二〇代で急に増加してきます。受診率が同じなら、甲状腺スクリーニング検査の対象年齢が上がっていくにつれて甲状腺がんの症例ももっとたくさん見つかるようになると予想されます。

甲状腺がんについて考えるときに重要な知見が二つあります。まず一つ目ですが、韓国で甲状腺を超音波でスクリーニング検査した結果、それまでの一五倍のも甲状腺がんを発見して治療をしたにもかかわらず、甲状腺がんによる死亡率が変わらなかったというデータです。このことから「超音波でスクリーニング検査をして見つかるような無症状の小さな甲状腺がんのほとんどは、一生進行せず症状も出ない」ということがわかりました。

もう一つは、神戸市の隈病院が出したデータです。小さな甲状腺がんを観察したところ、若い時期はがんがある程度成長しますが、中年以降徐々に成長を止めてしまうことがわかりました。このような甲状腺がんは四〇~五〇代の剖検（別の要因で亡くなった方を解剖する検査）をすると高頻度で見つかりますが、一〇年単位でしか大きくならないので、遡って計算すると、遅くとも子供の頃には甲状腺がんができていることになります。

これらのデータが、たまたま二〇一四年を境に連続して出てきました。ここ三年ほどで、甲状腺がんの自然史（甲状腺がんの発生と進行がどのような経過をたどるのかということ）の考え方に大きな変更をもたらす知見が出てきたということです。これより前の二〇一一年に甲状腺超音波スクリーニング検査が福島で計画されたこと自体は仕方なかったのかもしれません。しかし、二〇一四年に「超音波で甲状腺スクリーニング検査をすると過剰診断が高い確率で起こる」ということが確実になった段階で、方向転換すべきだったのではないでしょうか。

剖検例から、甲状腺の潜在がん（一生無症状のまま発見されないがん）は二〇代から急激に増加し、四〇代では二〇〇人に一人くらいは見つかります。福島県での初期被ばくは十分に低かったことはほぼわかっていましたし、UNSCEAR二〇二〇年報告書によって、それまで考えられていたよりもさらに低かったことがわかりました（注6）。

つまり、今、甲状腺検査に関わる目の前の最大の問題は、非常に低いレベルの放射線の甲状腺への影響の有無を知ることではなく、日々のスクリーニング検査によって、多くの子供たちが不要な診断をされてしまっているということではないでしょうか。放射線の健康被害を恐れて始めたはずの検査で、かえって健康被害を出してしまっては元も子もありません。

福島の甲状腺検査にメリットはない

――昨年末の検討委員会で、髙野先生は「甲状腺検査が子供に与えるメリットとデメリットをきちんと開示すべきである」とおっしゃいました。甲状腺検査にはどのようなメリットとデメリットがあるのでしょうか。

髙野　今の福島県の子供にとって、超音波による甲状腺スクリーニング検査のメリットはありません。一方で、最大のデメリットは過剰診断です。

お母さんが私のところ（大阪府）にお子さんを連れてきて「福島で子供に被ばくさせてしまった」とおっしゃることがあります。お母さんたちは「わたしのせいで被ばくさせてしまったから、せめて子供に最悪のことが起こらないように」というお気持ちで来院されます。つまり、原発事故の放射線の影響で、我が子が甲状腺がんになるかもしれないという心配をされて、「もしそうであっても、超音波で早期に見つければ大丈夫だろう」と思って連れてこられるのです。

ところが、超音波で子供の甲状腺がんを早く見つけたからといって、その後の経過には違いがありません。私たちは、こういったお母さんたちの期待に応えることはできないのです。これはさまざまな論文からも明らかで、我々甲状腺専門医にとっては常識です。つまり、甲状腺の超音波検査は、「受けることで子供にどんな

注6：UNSCEAR2020 年報告書［https://www.unscear.org/unscear/en/publications/2020b.html (2021 年 4 月 16 日閲覧)］

良いことがあるのですか」と聞かれたときに、回答することができない検査なのです。

早く見つけても何も良いことがない一方で、超音波検査をすると一定の確率で過剰診断が起きるという証拠はあります。つまり、デメリットがはっきりしていて、メリットがないという検査が、子供に対して大規模に行われており、しかもその事実が親御さんたちにまったく伝えられていないという状況が起こっています。

ただし、メリットやデメリットをお伝えする過程というのは、すでに診断や治療を受けられた方々を傷つけることになります。それは非常に大きな問題ですし、私の発言がそういった方々を傷つけてしまうであろうことは覚悟しています。それでも、言わなければなりません。皆がいつまでも口を閉ざしていれば、さらに多くの県民が傷つくことになります。

——県民健康調査の当初の目的として、「県民の不安を解消するため」ということが掲げられていました。

髙野　生活をしていく上で、不安を解消することは大切なことです。だからこそ、実際にそういった県民からのニーズがあるならば、それに対して最適な対処法を提案するのが専門家の仕事です。ところが、甲状腺超音波検査が実際に不安の軽減に役立っているのでしょうか。むしろ、甲状腺がんの症例が増加したことが報道されるたびに、県民は不安を感じているのではないでしょうか。

私は普段大阪府にいますが、大阪府では、医療関係者であってもいまだに「福島県の子供の甲状腺がんは放射線が原因だ」と思っておられる方が多数おられます。そういう方にはそうでないということを説明するのですが、そこで必ず「じゃあ、どうしていまだに福島県では子供全員に甲状腺検査をしているんですか？　放射線の影響があると考えているからではないんですか？」と訊かれます。

この質問には答えようがありません。すなわち、甲状腺の超音波検査を継続していることは、確実に福島の風評被害を助長しているのです。

こういった理由からも、現在行われているような大規模な甲状腺超音波スクリーニング検査は「県民の不安の解消」というニーズに対して適切な対処法とはいえません。

それにもかかわらず「福島県民が甲状腺検査の継続を希望している」ということを根拠にした議論がされているようにみえます。県民が希望しているのは「不安の解消」であるはずです。それに対しては、より適切な対処法を提案していかなければならないのではないでしょうか。

さらに、ヘルシンキ宣言では、対象者が希望しているからといって、対象者に健康被害をもたらすような検査を行ってはいけないという意味のことが述べられています（注7）。すなわち「福島県民が希望しているから」という理由をもって、デメリットのある甲状腺超音波スクリーニングを行うことも、医学倫理上許されないことなのです。

――では、現在の目的の一つとして掲げられている、放射線と甲状腺がんの影響を正しく評価すること、また県民の健康を長期的に見守るということについてはいかがでしょうか。

髙野　福島県で行われている甲状腺超音波検査は医学調査に分類されるものですから、医学倫理の指針に沿ったかたちで行うことが求められます。まずは「甲状腺超音波検査にメリットがないこと」と「どのようなデメリットがあるのかということ」を正確に、かつ正直にお伝えすることが大切です。第二に、学校の授業時間を使って検査を行うような、半ば強制性をもった現状のあり方にも、何かしらの改善を加える必要があります。

以上のように、医学倫理に沿った手続きを踏み、福島県民が甲状腺の超音波検査の危険性を広く理解するようになれば、受診率は今よりもずっと落ちてくることが予想されます。現状でも、転居等の理由から一八歳以上の対象者の受診率は極端に低下しています。このように受診率の大きな変化があれば、今後超音波検査を継続したとしても、最終的に意味のあるデータが

注7：ヘルシンキ宣言は、1964年6月に世界医師会第18総回で採択された人間を対象とする医学研究の倫理的原則。

取れなくなるのではないでしょうか。もし、「原発事故による放射線と甲状腺がんの関係を正しく評価する」という目的を達したいのであっても、今後がん、登録等で症例の把握がしっかりできるようになりますので、正しい評価は問題なく可能でしょう。

ただ、甲状腺の超音波検査は、福島県において六年以上もの間、「良いものである（不安を減じたり、早期治療につながって予後に良い影響を及ぼしたりするものである）」という誤解がされたまま続けられてきました。仮に県がここですぐに検査をやめても、一部の県民が不安を感じて、専門医のいない機関で検査を受けてしまう可能性は高いです。

もしそうなれば、かえって健康被害や個人情報の漏えいなど、県民に被害が及ぶおそれがあります。ですから、そのような方々の不安を無視せずに丁寧に拾い上げていくためにも、超音波検査を継続的に受けたいと考える県民には超音波検査を受診する機会や環境はしっかり残す必要はあると思います。もちろん、超音波検査のデメリットをしっかりとお伝えする努力をした上でのことにはなりますが。

とはいえ、現状のように最初から超音波検査をすると、住民が過剰診断の被害を受ける危険性は避けられませんので、ここにも何らかの改善を加えた方が良いでしょう。例えば、超音波検査をする前に専門医による触診を経ることを推奨する専門家もおられます。専門医が甲状腺を触って、しこりがあるかどうかを確認し、さらに超音波検査の必要があると判断された対象者が超音波検査を受けるという仕組みです。実は、そもそもこういった流れこそが、従来甲状腺診療の現場で行われてきたことなのです。

前倒し診断も深刻な被害をもたらす

――二〇一七年一一月の県民健康調査検討委員会で、髙野先生は「一五歳未満の子供を剖検した場合、甲状腺がんは見つからない」とご発言なさいました。このご発言について、もう少し詳しく伺えますか。

髙野　スクリーニング効果と呼ばれるものには二つあって、「過剰診断」と、「狭義のスクリーニング効果（後々症状が出るものを超音波検査によって前倒しで見つけている）」ものとがあります。一五歳未満の剖検は事例そのものが少ないのですが、ただ、そもそも甲状腺がんができるのが五歳までといわれていますので、一五歳未満で発見されているならば、成人に発見されるものより速いスピードで成長しているという考え方もできるかもしれません。

この場合、狭義のスクリーニング効果とも考えられなくはないという意図での発言でした。ただ、子供の甲状腺がんの予後は非常に良いので、前倒しで発見するメリットはまったくありません。むしろ「がん患者」としての扱いを受ける時期がより長くなる、という意味で、狭義のスクリーニング効果であってもやはり早期診断は県民に深刻な健康被害をもたらすものとみなすべきです。

――専門医の触診を経てから超音波検査をして、結果的に甲状腺がんだった場合、その後の経過が悪くなるような心配はありませんか？

髙野　その心配はまったくありません。甲状腺がんの場合、超音波検査で早期発見してもその後の経過は改善しません。子供の甲状腺がんの経過は派手に転移することを除けば、良性腫瘍（がんではない、健康影響のない腫瘍など）と大差はありません。

通常、学校で超音波検査を受けたりしていない子供の甲状腺がんは、一目でわかるような大きなしこりがあったり、肺に転移したりして見つかるものです。こういったしこりがあったり肺に転移したりした段階であっても、治療をすれば経過は良いです。

甲状腺がんの特徴として、周囲に広がる性質が強くあるので、超音波でしか見つからないような小さいものでも、首のリンパ節には転移します。しかし、たとえ首のリンパ節に転移しても、そのままやがて成長を止めますので、ほとんどがそのまま進行せずに一生を終えます。福島県の甲状腺検査で見つかった症例を手術したところ、首のリンパ節に転移があったから、「これは進行例だ」と騒がれたことがありましたが、それは誤った解釈だということです。

触診した上で超音波検査をする方法であれば、過剰診断を減らす一定の効果があることは期待できます。しかし、それで甲状腺がんが見つかった場合でも、しこりが出たり肺に転移したりして見つかった症例よりもさらに経過が改善されるわけではありません。その意味では、超音波検査との違いは少なく、いずれにしても経過の良し悪しではなく純粋に受診者の安心のためだけの検査になると思います。

■「自分の子供だったら」と想像してほしい

——甲状腺がんの場合、最も心配すべき健康被害は過剰診断なのですね。

髙野　はい。まずは過剰診断を減らさなくてはいけません。過剰診断の害を語るときに、手術の影響や後遺症など、身体的な健康被害だけが取り上げられる傾向があります。しかし、実際にはそれと同等かそれ以上に深刻な事態が起こっています。

表現が難しいのですが、対象者が「福島県の子供である」ということは避けて通れない要素です。例えば、実際には遺伝しやすいがんというのは限られているにもかかわらず、いまだに世間では「がんはすべて遺伝する」という誤解が根強いです。これに加えて、「福島県の人の次世代になんらかの健康影響が出る」という誤解もまた根強くありますね（注8）。これが両方重なって「福島県の子供（若者）としてがんの診断を受けたことがある」ということになりますので、結婚や就職など、人生の重要な局面で、深刻な差別や偏見を受けてしまう可能性も考えられます。検査対象者の人生全体のことを想像し、その影響をもっと深刻に考慮すべきです。

私が診察している放射線治療等が必要な子供の場合ですが、生活に後ろ向きになったり、非行に走ってしまったりするケースがあります。

注8：三菱総研による2017年のMRIトレンドレビュー。「東京五輪を迎えるにあたり、福島県の復興状況や放射線の健康影響に対する認識をあらためて確かにすることが必要」「現在の放射線被ばくで、（福島の）次世代以降の人への健康影響が起こる」と回答した人が約50%に達した。（母集団は1000人の東京都民）
[（その1）http://www.mri.co.jp/opinion/column/trend/trend_20171114.html、（その2）http://www.mri.co.jp/opinion/column/trend/trend_20171117.html、（その3）http://www.mri.co.jp/opinion/column/trend/trend_20171121.html]

「自分が、がんサバイバーだ」という意識が、人生に対して前向きな姿勢になることを妨げているように見えます。通常、親御さんは子供に病名を知らせることを望まれません。しかし、子供はとても敏感ですので、親の様子から、何となく感じ取ってしまうのです。

私がどんなに「治療すれば大丈夫なんだよ」と言っても、子供には届きません。治療が終わって、体にはもう何も異常がなくても、心にはこれほど根深く「がん」という感覚は残ってしまうのです。自分の心にも深い傷が残り、その上差別までされたら、これは本当に深刻な事態です。

たとえ予後の良い甲状腺がんであっても、一〇代や二〇代の、本来であればのびのびと何の心配もなく青春を謳歌すべき人生の重要な時期を、「自分は明日にでも死ぬのではないか」という不安に怯えて過ごさなければならない。私たち大人は、こんなことが自分の子供に起こったらと想像して、そのつもりで物事を考え、進めていかなければいけません。ですから私は、子供の甲状腺がんの過剰診断の被害を何としてでも食い止めなくてはならないと思っています。

福島県で今行われている甲状腺検査でも、福島県立医科大学の臨床の先生方は、受診者の方々一人ひとりと毎日向き合って検査に当たられていることと思います。そして「目の前の受診者が傷つくようなことは、できる限りないようにしたい」ということは、我々臨床医にとって常に切実な願いです。

現場の先生方の多くは、矛盾を感じておられるのではないでしょうか。震災当初はすがるような思いで検査に来られた方に、今は学校で子供たちに、「メリットはないのに」「過剰診断は大変なことなのに」とよく知りながら、それでも検査をしているわけです。その苦しみは、想像に余りあります。

しかし、実際には検査をやめるも継続するも、県から受託している県立医科大学の現場に決める権限はありません。まずは過剰診断の深刻さを検討委員会でよく検討することが第一です。

今の甲状腺超音波検査の状況は、ヘルシンキ宣言に違反しています。非常事態であったから許されてきたことなのかもしれませんが、今後は、まずそういった倫理的なことからしっかり改善しなければいけないでしょう。

——すでに検査五巡目の実施は始まっていますね。

髙野 すでに診断も治療も一五〇例を超えてしまいましたから、問題の多い検査であるといまさら誰も言い出せないままに継続しているという側面もあるでしょう。しかし、すでに誰も傷つかないで終えることはできない状況だと思います。全員が傷つきながらでも収束させていかないと過剰診断の被害は止まりません。

特に四巡目以降は二五歳が含まれますから、過剰診断の発生率も増えることが予想されます。すでに二〇三六年までの実施計画が出ていますが、三五歳であれば二〇〇人に一人くらいの割合で潜在的に甲状腺がんがあるはずなので、最終的に一五〇〇人程度の人が甲状腺がんの診断を受けることになります。そしてその多くは過剰診断です。

例えば、先行検査において、原発からも遠く、事故当時から一貫して他県と変わらない被ばく線量だった会津地方で、多くの甲状腺がんが見つかりました。その時点で、甲状腺の専門家が過剰診断の可能性を指摘すべきであったと思います。それができなかったのは、科学以外の問題でしょう。大人の都合か、大人の不勉強か、あるいはその両方か。そしてその不勉強な大人の都合の犠牲になるのは子供です。

特に専門家の方々は「大人の事情」を排し、科学的に正しい事実に基づいた発言をしていただきたいと思います。現時点での専門家の沈黙は罪です。震災直後の混乱の中で、多くの専門家が「御用学者」のレッテルを貼られ、沈黙してしまいました。しかし、いまや沈黙してしまわれた当時の専門家がおっしゃっていたことを、もう一度県民の皆さんには振り返ってみていただきたいと願います。これらの方々の訴えが、いかに科学的に正しく公正であったか、今になってみればわかることもあるかと思います。

チェルノブイリ原発事故後の「成功」を単に「英雄譚」で終わらせないために

――福島第一原発事故の後、甲状腺がんが心配されたきっかけは、チェルノブイリ原発事故後の周辺地域で甲状腺がんがたくさん見つかったということだといわれています。

髙野　そもそもチェルノブイリ原発事故後の周辺地域では、当初、超音波検査ができない状況でした。そういった状況下にもかかわらず、子供の甲状腺がんが見つかったことから、事故後の放射線による甲状腺への影響が疑われるようになりました。

その後、チェルノブイリ原発事故の後の周辺地域では、七〇〇〇人ほどが甲状腺がんと診断され、治療を受けています。チェルノブイリ原発事故後の周辺地域においても、福島県と同様に無症状の子供に対して甲状腺の超音波検査が行われていたので、過剰診断がなかった、ということは科学的には考えられないことです。

当時、現地で活躍された方々の業績は称賛に値しますし、大変なご苦労が伴ったことと思います。その業績を貶めるつもりもまったくありません。しかし、福島の今後を考える上では、こういった業績を単なる「英雄譚」とするだけではなく、改めてその結果を冷徹な科学の目で検証することも必要でしょう。チェルノブイリ原発事故後の現地での体験や業績を「成功体験」と過去のものとせず、今改めて考え直すことが、福島における住民の健康被害を食い止めることにもつながるかもしれません。

チェルノブイリ原発事故後に非常に問題になったのは、むしろ住民の心の健康（精神福祉）が守られなかったということでした。自死を選ばれたり、アルコール依存症になってしまったりする方も増加し、社会不安も増大しました。この教訓から、これ以上の精神福祉・社会不安の問題を広げないためには、「心配しなくてはいけないこと」と「心配しなくても良いこと」との線を、専門家がしっかりと引いて、それをさらにわかりやすい言葉で説明する必要があるでしょう。

例えば「被害の可能性はゼロではない」という表現は、覚悟をもってもうやめるべきです。「福島県民の不安を解消する」あるいは「県民の心配に寄り添う」といったことが大切な局面があることも否定しません。しかし、そういった要望に対する専門家の姿勢があまりにも情緒的に偏向し、科学的に誤ったものとなってしまえば、かえって県民自身に深刻な健康被害をもたらします。

福島第一原発事故の後、周辺地域の子供に対して、甲状腺の超音波検査をこれほどの規模で行いました。それによって起きた医学倫理上の問題は、医療者が心に刻んでおくべき甚大な歴史的な事象として、近い将来医学の教科書に載るのではないかと思います。

私たちは、今回の福島県の甲状腺スクリーニング検査をめぐる問題から、多くのことを学ばなければならないと思います。まず、「医学」というものが、人を対象としているために常に不確実性をもっており、しばしば道を誤ることもあるということ。そして医学がそのように道を誤ると、非常に多くの人を深く傷つけてしまうということです。

そして、もし「道を間違った」とわかったのならば、過ちに気づいた専門家はどのように行動すべきなのかということも重要です。後者はまさに、今、我々自身が試されていることです。「歴史に試されている」という自覚をもって、我々専門家一人ひとりが対応する責任があると思います。

疫学から考える甲状腺検査
——祖父江友孝 氏 インタビュー

福島県の県民健康調査検討委員会や下部組織である甲状腺検査評価部会は、現在までに二度の中間報告を出している。現在までの報告では、「福島第一原発事故による放射線被ばくと甲状腺がん発見率には関連が確認できない」とする。

ただし、検討委員会でも、現行の甲状腺検査では、原発事故後の放射線被ばくによる甲状腺がんリスク評価ができない（「疫学研究の方法論としては破綻している」）という委員からの指摘があった。また、近年、甲状腺がんスクリーニングによる受診者への不利益が国際的に注目されている。二〇一八年には、IARC（国際がん研究機関）が、「原子力事故後であっても、周辺地域の住民に対する甲状腺がんスクリーニングを推奨しない」という勧告を出した（注1、2）。しかし、福島県では甲状腺検査の対象となる子供や若者、そしてその家族に、検査に不利益があることが伝わっていないという状況が問題視されている。

これらの点について、甲状腺検査評価部会の委員も務めた疫学の専門家である祖父江友孝氏（大阪大学教授）にお話を伺った。

福島県の甲状腺検査の倫理的問題

——福島県の甲状腺検査では、これまでに二〇〇人ほどの甲状腺がんおよびがん疑いの方が見つかっています。その理由として考えられることは何でしょうか。

祖父江　スクリーニングをしていることによる「過剰診断」と「前倒し診断」による発見数の増加がほとんどでしょう。見つかった甲状腺が

祖父江友孝
大阪大学大学院教授。放射線医学を含む環境医学が専門。福島県県民健康調査甲状腺検査評価部会員も務めた

んの九〇%以上が過剰診断である可能性も十分にあります（注3）。

――福島県の甲状腺検査には、倫理的な問題があるといわれています。

祖父江　福島県の甲状腺検査では、利益と不利益について、受診者への情報提供が不足しています。これは、インフォームドコンセントの観点からいえば、倫理的に非常に大きな問題です（次頁注4）。できるだけ早く改めた方がよいでしょう。十分なインフォームドコンセントを行った上で、検査によって県民が受ける利益と不利益のバランスを考え、利益を最大限にし、不利益を最小限にするべきです。

ただ、福島県の甲状腺検査による受診者の健康上の利益はないと思います。「県民の安心のため」という点では、定期的に検査があることによって安心できるという人もいるでしょうが、かえって不安をかき立てられるという人もいると思います。不安と安心については、それぞれ度合いを数値化し、調査してまとめるべきでしょう。

一方、福島県の甲状腺検査で受診者の被る最大の不利益は、過剰診断です。

――過剰診断の概念は難しいですね。

祖父江　医療従事者や医学部の学生でも、過剰診断の概念を正しく理解している人は多くありません。まして一般の方に説明するとなれば、簡単なことではないでしょう。過剰診断の概念を理解する基盤となる知識を、繰り返し説明しなければ、過剰診断の概念の正しい理解を広く一般に浸透させることはできないと思います。

一般の方々には、身の回りの信頼できる人の判断や行動が、最も大きな影響を及ぼします。ですから、まずは、学校の先生や保健師さん、かかりつけのお医者さんなどに正しく理解していただくことが重要です。

――見つかった甲状腺がんが過剰診断だったかど

注1：環境省ホームページ環境省ホームページ「甲状腺モニタリングの長期戦略に関する国際がん研究機関（IARC）国際専門家グループの報告書について」
［http://www.env.go.jp/chemi/rhm/post_132.html (2021年1月10日閲覧)］

注2：IARC Expert Group on Thyroid Health Monitoring after Nuclear Accidents (2018) *Thyroid Health Monitoring after Nuclear Accidents* (IARC Technical Publication No.46). International Agency for Research on Cancer
［https://publications.iarc.fr/571 (2021年1月10日閲覧)］

注3：過剰診断とは、スクリーニング検査で発見しなければ一生症状が出ないようながんを発見してしまうこと。前倒し診断とは、将来発症するがんを無症状のうちに発見すること

うか（手術せずに長期間経過をみて、進行しないかどうか）は、手術で切除すればわからなくなります。しかし、「手術しない」という判断もしにくい。

祖父江　それが過剰診断の本質です。子供の甲状腺にがんを見つけたら、医師は放置するわけにはいかないでしょう。福島県の甲状腺検査で行われる診断や治療は、大人の甲状腺がんや、何らかの症状が出て受診した子供の甲状腺がんのデータを基にしたガイドラインを流用しています。無症状で見つかった子供の甲状腺がんが、その後どうなるかというデータはありません。しかし、甲状腺がんを見つけたら、今ある限りのガイドラインに沿って治療を行う。これは臨床医として順当な医療行為です。非難されるべきものではありません。

「見つかった甲状腺がんをどうするか」という段階での判断は非常に難しいです。ですから、その前の段階である「スクリーニングで無症状の甲状腺がんを見つけてしまう」ということの是非を考えなくてはいけません。

甲状腺がんだけではなく、多くのがん検診において、過剰診断のリスクがあります。がんスクリーニングの導入に際して、過剰診断のリスクは必ず検討すべき項目です。今後、血液検査などで簡単にがんが見つかるような検査技術の発達にともなって、過剰診断はますます大きな問題となっていくでしょう。

――子供の甲状腺がんは「アグレッシブだ」といわれることがあります。ここでいう「アグレッシブ」とは、「攻撃性が高い」という意味ですか。

祖父江　「子供の甲状腺がんがアグレッシブだ」というのは、おそらく「成長が早い」あるいは「転移しやすい」という意味でいわれているのだろうと思います。ただ、甲状腺乳頭がん（甲状腺がんの九〇％以上を占めるもの）の場合は、成長速度や転移の有無と、予後の良し悪しが直結するとは限りません。

常識的には「がんが転移している」と聞けば

注4：インフォームドコンセントとは、検査や治療の内容について、受診者に十分な説明を行って、理解を得るように努めること

「状態が悪い」と感じますね。ところが、甲状腺乳頭がんはリンパ節に転移しやすく、しかし転移したところで成長が止まり、特に症状も出さないという特徴があります。スクリーニング検査では、リンパ節に転移したまま、無症状で一生じっとしていたであろうものを見つけている可能性があります。

▨福島県の甲状腺検査はリスク評価を撹乱する

――甲状腺検査をこのまま続けることで、原発事故による放射線被ばくとの関連の有無はわかるのでしょうか。

祖父江　純粋にリスク評価という側面からいえば、福島県の甲状腺検査は、原発事故後の放射線被ばくによる甲状腺がんのリスク評価を撹乱する（混乱させてわからなくする）要因にしかなりません（注5）。甲状腺検査二巡目（本格検査一回目）以降の検査結果をみても、甲状腺がんのスクリーニングがリスク評価の役に立っていないことは明らかです。なぜなら、検査が行われているために、甲状腺がんの発見率に関わる交絡因子（甲状腺がんの発見率に関わる放射線被ばく以外の要因）がたくさん生じているからです。いくつか列挙してみます。

まず、原発事故当時の年齢ではなく、甲状腺検査を受けたときの年齢です。次に、検査を受診した間隔です。避難指示区域の方は、一巡目と二巡目の検査受診の間隔が開いています。この二つの因子が、福島での甲状腺がんの発見率に大きく影響しています。また、検査結果の判定基準が揺らいでいる可能性があれば、検査一巡目を受けた時期も影響します。

放射線被ばく線量が、福島県内の他の地域よりは高かったと予想される地域では、検査をより丁寧に行う傾向があったのではないかと思います。福島県内の全地域で、もともとの甲状腺被ばく線量が低い中での比較ですから、もし地域によって甲状腺がんの発見率に差が出るとすれば、放射線被ばく線量より、甲状腺検査の際に生じるバイアス（偏り）の影響の方が大きいでしょう。

注5：福島県「県民健康調査」甲状腺検査評価部会『第10回資料「疫学研究の質と因果関係判断の考え方」（祖父江部会員提供）
[https://www.pref.fukushima.lg.jp/uploaded/attachment/250465.pdf (2021年1月10日閲覧)]

データを解析するときには、交絡因子やバイアスをすべて考慮しないと、「ある被ばく線量に対する甲状腺がんの罹患率がどの程度か」という正しい評価はできません。甲状腺検査さえ行われていなければ、交絡因子もバイアスも生じません。したがって、正しいリスク評価という観点からいえば、甲状腺検査が行われていることは、撹乱要因以外の何ものでもありません。

スクリーニングをせず、従来のように、発症した甲状腺がんをがん登録して比較した方が、原発事故後の放射線被ばくによる甲状腺がんリスクを正しく評価することができます。したがって、放射線被ばくとの関連を正しく評価するためにスクリーニングを続けているという考えは誤りです。

歴史と海外の知見に耳を傾ける

――かつて、日本では子供の神経芽腫《しんけいがしゅ》のスクリーニング検査が行われていました。その後、平成一五年に厚生労働省の報告書が出て、スクリーニングは中止になったという経緯があります（注6）。

祖父江　子供の神経芽腫のスクリーニング検査については、海外でランダム化比較試験（ここでは、対象となる子供たちを二つのグループに分け、片方で検査を行い、片方で検査を行わないこと）が行われた結果、死亡率低減効果がないということがわかりました。

子供の神経芽腫のスクリーニング検査は、日本で開発された技術を使って、日本でのみ行われている検査でした。検査技術の開発を受けて、死亡率減少効果についての評価を行わずにスクリーニング検査を始めたところ、「過剰診断が起こっているのではないか」という声があがりはじめました。スクリーニング検査開始の後に、神経芽腫による死亡率が減少しているという証拠が出なかったんです。やがて、海外で「神経芽腫のスクリーニング検査には死亡率低減効果がない」という論文が出ました。

子供の神経芽腫では、治療をしなくても自然に消えてしまうという症例が多く見られまし

注6：厚生労働省ホームページ「神経芽細胞腫マススクリーニング検査のあり方に関する検討会報告書」
［https://www.mhlw.go.jp/shingi/2003/08/s0814-2.html (2021年1月10日閲覧)］

た。肺や全身への遠隔転移までしていても、成長とともに自然に消失するという例もありました。こういった劇的な例を、臨床の先生方はみて、感触も得ていました。そういったこともあり、スクリーニング検査の継続は慎重にしなければならないという判断があったのだと思います。神経芽腫の子をもつ親の会も、検査中止にあまり反対しなかったと聞きます。

――二〇一八年に出たＩＡＲＣ（国際がん研究機関）の勧告を、どのように受け止めればよいでしょうか。

祖父江　海外の専門家から見れば、「甲状腺がんスクリーニングはすべきではない」という明確なメッセージです。その上で、放射線被ばく線量が高い個人に限って、個別にモニタリングプログラムを組むことは考慮してもよい。福島県で「甲状腺がんスクリーニングを受けるのが当然」と思っている人にとっては、まったく逆の勧告です。びっくりして「どうしてそんな勧告が出るのか」と思った一般の方に、丁寧に説明をしなければなりません。

しかし、まずはとにかく、福島県における常識と海外における常識には相当ギャップがあるということを認識することが大切です。マスメディアには、一般に向けてＩＡＲＣの勧告をしっかり伝える責務があると思います。

基礎知識④

甲状腺検査について考えるために

甲状腺検査をめぐる問題は、原発事故後の福島県で、事故後一〇年を経過してなお残る課題の一つである。それと同時に、最も理解の難しいテーマの一つでもある。また、関心をもつ人も多いとはいいがたい。一方で、子供や若者が最も大きな被害を受けているため、原発事故後の福島県を知る上で、決して避けて通れない問題でもある。

甲状腺検査は、福島県の県民健康調査の一環である。この問題について知っておきたい基礎知識を以下のようにまとめた。

(1) そもそも甲状腺がんはどのような病気なのか（自然史）
(2) 原発事故当時の子供はどの程度の被ばくをしたのか（初期被ばく線量）
(3) 福島県の子供や若者に見つかっている甲状腺がんと、原発事故による放射線被ばくとの関係はどうなのか（線量応答）
(4) 甲状腺検査のリスクについて
(5) 甲状腺検査のリスクは住民にどう説明されているのか
(6) 国際的勧告

福島県で行われている甲状腺検査は、事実上、原発事故当時一八歳以下だった全県民を対象にした甲状腺がんスクリーニングである。

甲状腺とは、代謝や成長に関わるホルモンをつくり、蓄え、分泌する役割をもつ一〇～二〇gの臓器である。のどぼとけの下で、気管を取り囲むように存在している。ほかにも、食道、反回神経（声帯の筋肉を動かす神経）がすぐ近くにある（図1）。

甲状腺がんは、甲状腺の細胞ががん化したものである。甲状腺がんにはいくつかの種類があり、それぞれ性質が異なる。

そのうち、日本人の甲状腺がんの約九〇％を占め、福島県の甲状腺検査で見つかっている甲状腺乳頭がんは、以下のような特徴をもつ。

① 治療後の経過（予後）がよい。

② 進行がきわめて遅い。

③ リンパ節転移が多い。

甲状腺乳頭がんでは、ほかのがんと異なり、若い人の方が高齢の人よりも予後が良い（注1、2、3）。すでにリンパ節に転移した状態で見つかることが多いものの、すべてが必ずしも時間の経過とともに増えたり大きくなったりはせず、ある程度のところで成長を止めることが多いともいわれる。つまり、リンパ節転移の有無は、甲状腺乳頭がんの予後の良し悪しと直結するものではないということになる。

また、高精度の超音波機器で見つかるような、

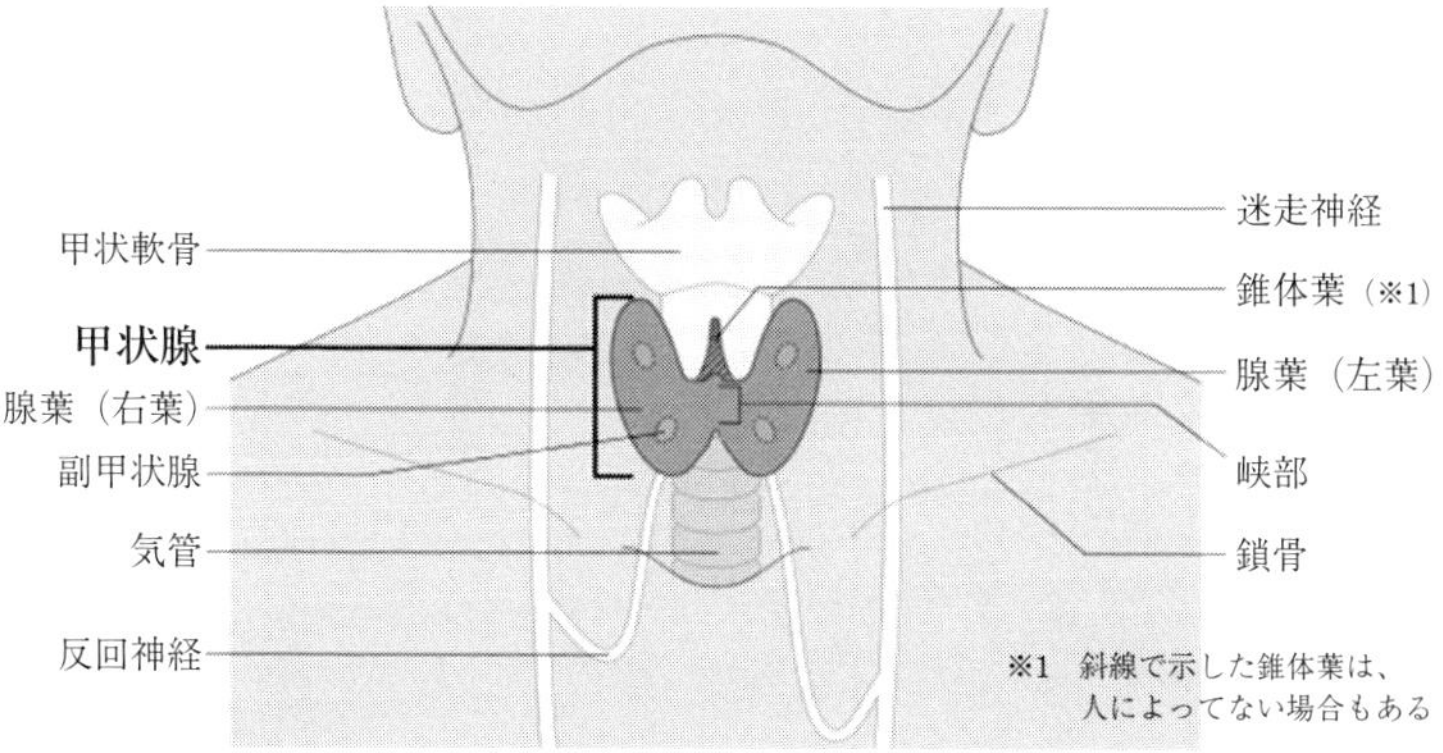

図1：甲状腺の位置

出典：国立がん研究センターがん情報サービス「甲状腺がん　基礎知識」［https://ganjoho.jp/public/cancer/thyroid/index.html (2021年1月12日閲覧)］

注1：がん研有明病院ホームページ「甲状腺がん」
［https://www.jfcr.or.jp/hospital/cancer/type/thyroid.html (2021年1月10日閲覧)］

注2：大阪大学医学系研究科甲状腺腫瘍研究チーム「10分でわかる甲状腺がんの自然史と過剰診断」
［http://www.med.osaka-u.ac.jp/pub/labo/www/CRT/OD.html (2021年1月10日確認)］

注3：Takano, T. (2019) Natural History of thyroid cancer suggests beginning of the overdiagnosis of juvenile thyroid cancer in the United States Cancer. *Cancer*, 125 (22). doi: 10.1002/cncr.32424

腫瘍径一〇㎜以下の甲状腺乳頭がんを微小乳頭がんと呼ぶ。甲状腺微小乳頭がんは、甲状腺がん以外の原因で亡くなった方を死後解剖すると、一〇人に一〜二人程の高頻度で見つかるものである。それにもかかわらず、一生のうちに実際に乳頭がんを発症する人が一〇〇〇人に一人程であることから、ほとんどの甲状腺微小乳頭がんは一生発症しないままであると考えられている。

つまり、超音波で無症状の甲状腺微小乳頭がんを発見すると、一生甲状腺がんと診断されずに済んだかもしれない人を甲状腺がん患者にしてしまう可能性が高い。これを過剰診断といい、このために甲状腺がんのスクリーニング検査は国際的に推奨されていない。また、高齢になって発見しても予後が良い甲状腺微小乳頭がんを、子供や若者のうちに早期発見することにも、心身、また社会的な不利益が大きいことが指摘されている（注4）。

これまでも、アメリカ予防医療専門委員会（USPSTF）は、平時では甲状腺がんスクリーニングをしないようにという勧告（注5）を出していた。USPSTFは、原発事故後の放射線被ばくのリスクがある場合を除外していたが、二〇一八年に、WHOが、原発事故後の周辺地域住民に対しても、甲状腺がんスクリーニングを行わないよう勧告を出した。

■原発事故後の初期被ばく

福島県の甲状腺検査の対象者である福島県の子供や若者は、どの程度甲状腺に放射線を受けたのだろうか。

原発事故では、甲状腺がんのリスクとされる放射性ヨウ素を含む放射性物質が飛散した。放射性ヨウ素は、食べ物や水、空気から体内に取り込まれる。しかし、放射性ヨウ素は半減期が八日間と短いため、内部被ばくは原発事故の直後でなければ測定することができない。放射性ヨウ素による初期被ばくの量を知ることができれば、福島県の子供や若者の甲状腺がんのリスクの程度を知ることができる。

ただ、原発事故直後、福島県民全体の測定は

注4：Midorikawa, S., et al. (2019) Harm of overdiagnosis or extremely early diagnosis behind trends in pediatric thyroid Cancer. *Cancer*, 125 (22). doi: 10.1002/cncr.32426

注5：Lin, S. J. et al. (2017) Screening for thyroid cancer updated evidence report and systematic review for the US preventive services task force. *Journal of the American Medical Association*, 317 (18). doi: 10.1001/jama.2017.0562

できなかった。二〇一一年三月二四日～三〇日にかけて、飯舘村、川俣町、いわき市の三カ所で、計一〇八〇人の子供の甲状腺等価線量の簡易測定が行われている(注6)。この測定の結果、甲状腺の被ばく線量が五〇mSvを超える子供は一人も見つかっていない。

放射線医学総合研究所の研究チームは、この一〇八〇人の測定結果に、原発事故直後の大気の動きのシミュレーションを合わせて、福島の子供の甲状腺の被ばく線量を推計している(注7)。この推計結果では、ほとんどの子供の甲状腺被ばく線量は三〇mSv以下にとどまった(次頁図2)。

UNSCEARの二〇一三年報告書は、原発事故後に福島県に住んでいた一歳児の甲状腺被ばく線量について、一五～八三mSvと推計している。

原子力災害について考える際、多くの論文を客観的に検討したUNSCEARの報告は、信頼性の高いエビデンスととらえてよい。ただし、UNSCEARの二〇一三年報告書が検討した時点での論文の多くは、人々の避難経路や食べ物の入手経路などの実情や実測データではなく、理論的な推計値に基づくものであった。二〇一三年報告書から現在までに、より精密なシミュレーションや実測に基づく研究が数多く重ねられた結果、UNSCEAR二〇一三年報告書の理論的な推計値は実測値に比べて過大であったとの指摘がされている。

鈴木元院長(国際医療福祉大学クリニック)の研究グループは、環境省の事業として「住民の線量評価に関する包括研究」を行った。これは、住民の避難経路や水、食料品の入手経路などを包括的に考慮し、初期被ばく線量の、より実態に近い推計をするための研究である。

二〇二〇年二月、同グループは、福島県内の七市町村(大熊町、楢葉町、富岡町、双葉町、浪江町、飯舘村、南相馬市)についての推計結果をまとめた。これによれば、原発事故による福島県の一歳児の甲状腺の放射線被ばくは、原発周辺地域でも、平均で一・二～一五mSvだった。

注6：Kim, E., et al. (2016) Internal thyroid doses to Fukushima residents-estimation and issues remaining, *Journal of Radiation Research*, 57 (S1). doi: 10.1093/jrr/rrw061

注7：Ohba, T., et al. (2020) Reconstruction of residents' thyroid equivalent doses from internal radionuclides after the Fukushima Daiichi nuclear power station accident. *Scientific Reports*, 10. doi: 10.1038/s41598-020-60453-0

UNSCEARの二〇一三年報告書では、原発事故後に福島県に住んでいた一歳児の甲状腺被ばく線量について、一五～八三ｍSvと推計した上で、「チェルノブイリ原発事故後のような、子供の甲状腺がんの増加は考えられない」としている。少なくとも、この報告よりも多く甲状腺被ばくをしている可能性はほぼないと考えられる（注８）。

従来、甲状腺がんのリスクとなり得るのは、甲状腺被ばく線量で一〇〇ｍSvとされてきた。この根拠は、広島と長崎の原爆被爆者を対象とした研究の結果である。二〇一六年、ルービンやヴェイガらが、子供の放射線被ばくと甲状腺がんの関係についての一二の研究を分析したところ、甲状腺被ばく線量五〇ｍSvでも甲状腺がんのリスクがわずかに上がることを報告した（注９）。

甲状腺がんのリスク上昇が確認できる被ばく線量が、一〇〇ｍSvであっても、あるいはさらに慎重にみて五〇ｍSvであったとしても、原発事故後の福島県の子供の平均の甲状腺被ば

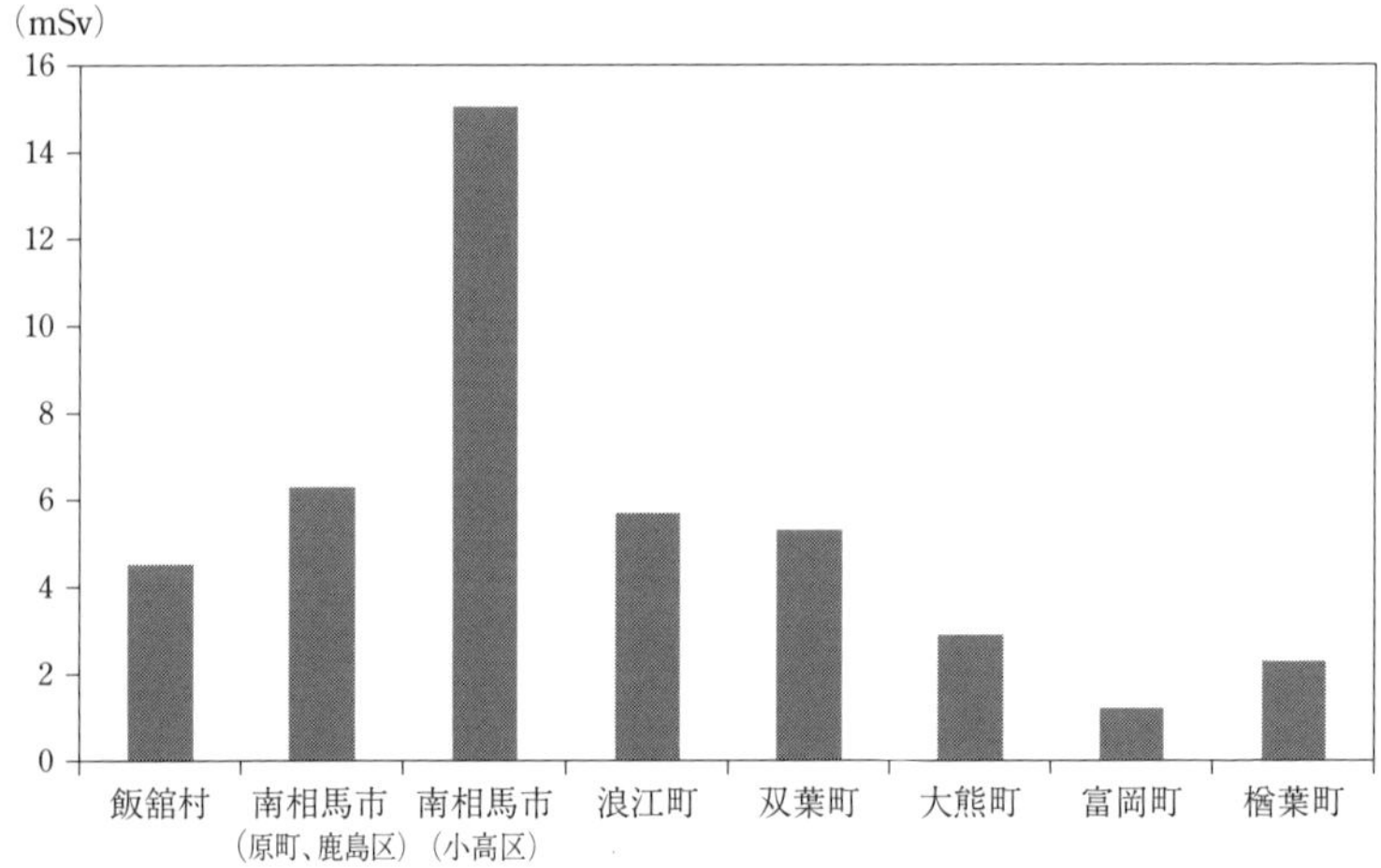

図２：福島県の１歳児の甲状腺被ばく線量推計

出典：Ohba, T. et al. (2020) Reconstruction of residents' thyroid equivalent doses from internal radionuclides after the Fukushima Daiichi nuclear power station accident. *Scientific Reports*, 10 (1) doi：10.1038/s41598-020-60453-0

注８：2021年３月に公表されたUNSCEAR2020年報告書では、福島県内のほとんどの自治体で甲状腺被ばく線量は２分の１以下に下方修正された。
［https://www.unscear.org/unscear/en/publications/2020b.html (2021年４月16日閲覧)］

く線量は、原発事故がなかったときに比べて甲状腺がんになるリスクが高くなることはないレベルだったといえる。

福島県の甲状腺検査は、「先行検査」と「本格検査」に分けられる。先行検査は、原発事故直後の二〇一一年から始まった検査を指す（一巡目検査とも呼ばれる）。

一般的に、がんは遺伝子の変異で発生する。しかし、何らかのきっかけで遺伝子が変異しても、すぐにがんが発生するわけではない。チェルノブイリ原発事故後の知見などから、原発事故による放射線被ばくの影響で甲状腺がんが引き起こされる場合でも、事故から四〜五年はかかることがわかっている。そのため、検査実施を受託した福島県立医科大学は、原発事故直後からの先行検査では、放射線被ばくによる影響がない状況での甲状腺がんの発見率を把握できると考えた。この先行検査の結果と、もし放射線被ばくによる影響が出るとすれば出始めると考えられる二巡目以降の検査（本格検査）の結果を比較するというプランであった。

福島県県民健康調査検討委員会は、二〇一九年七月八日に本格検査一回目の結果に関するまとめを行った。検討委員会の下部組織である甲状腺検査評価部会は、UNSCEARの二〇一三年報告で公表された甲状腺被ばく線量（注10）を用いて、市町村別の甲状腺がんの発見率と放射線被ばく線量との関連を解析した。

その結果、「現時点において、甲状腺検査本格検査一回目に発見された甲状腺がんと放射線被ばくの間の関連は認められない」とした。評価部会の上部組織である検討委員会は、この報告を承認した（注11）。

報告を承認した際の検討委員会では、委員から以下のような意見が出た。（要約）

・稲葉俊哉委員（広島大学原爆放射線医科学研究所教授）

（甲状腺検査評価部会のまとめ案について）細かいところまで気を配ってまとめられており、その意味で素晴らしいと思う。内容的にも申し上げることはない。

注9：Veiga, HS. L., et al. (2016) Thyroid Cancer after Childhood Exposure to External Radiation: An Updated Pooled Analysis of 12 Studies. *RADIATION RESEARCH*, 185 (5). doi: 10.1667/RR14213.1

注10：UNSCEAR2013年報告書
［https://www.unscear.org/docs/reports/2013/14-02678_Report_2013_MainText_JP.pdf (2021年1月10日閲覧)］

注11：福島県ホームページ『第35回「県民健康調査」検討委員会（令和元年7月8日）について』
［https://www.pref.fukushima.lg.jp/site/portal/kenkocyosa-kentoiinkai-35.html (2021年1月10日閲覧)］

放射線腫瘍学の立場からみると、（福島第一原発事故による放射線の甲状腺被ばく線量は）非常に少なかった。もし「福島第一原発事故による甲状腺被ばく線量が高かった」と仮定すると、UNSCEARの、原発事故後の生態系への影響など他の分野の報告と矛盾する。このことからも、「福島第一原発事故による放射線の甲状腺被ばく線量は低かった」と考えられる。甲状腺被ばく線量がこれほど低い状況で、さらに線量を細かく区分していくのは強引だ。それを明らかにするためにも、「福島第一原発事故による放射線の甲状腺被ばく線量はそもそも低かった」ということには、どこかで触れたほうがよい。

「現時点において、甲状腺がんの発見率と放射線被ばく線量との関連はみられない」という結論はその通りで、一〇〇%賛成だ。さらに、そもそも甲状腺への放射線被ばくが少なかったことから、福島の甲状腺検査では「定常状態」（放射線被ばくが平常時と変わらない状態）をみているというコメントがあってもよいのではないか。放射線被ばくがなくても、これほど大規模な甲状腺検査を行えば、一定の確率で「甲状腺がん」と診断がつくようなものが見つかる。もし大規模な甲状腺検査を行った結果見つかった「甲状腺がん」と診断のつく小さな病変が、診断と治療をしなければすべて大きくなるようなことがあれば、これまでの疫学の知見と矛盾する。

・津金昌一郎委員（国立がん研究センター・社会と健康研究センター長）

発見された多数の甲状腺がんが、もし「過剰診断」によるものならば、甲状腺検査の実施は許されないことだ。一〇〜三〇年の「前倒し発見」（一〇〜三〇年後に症状が出るような甲状腺がんを、早めに診断している状態）ならば、臨床がんを未成年期に見つけているということを明示すべきだ。例えば、四〇代で見つかるがんを、一〇代で見つけることで、患者を未成年で「がんサバイバー」にすることが本当に良いことか疑問だ。

放射線被ばく線量と甲状腺がんの発見率との関連についての調査としては、受診率の低下のほかにも、さまざまな交絡因子やバイアスがある。そもそも甲状腺被ばく線量が低かったために、それらの交絡因子やバイアスを取り除いて、原発事故による放射線の影響を検出することは難しい。福島県の甲状腺検査は、疫学研究としてはすでに破綻している。どんなに優秀な疫学研究者でも、福島の甲状腺検査のデータから放射線の影響を検出することはできないと思う。

「甲状腺検査のお知らせ文改定案」について、デメリットに関する説明を一生懸命打ち消すような補足がされていると感じる。「過剰診断が全く起こらない」という誤解を招くのではないかと懸念する。

確かに、二〇一六年に「日本は欧米に比べて過剰診断が少ない」という論文が出ている（注12）。日本のがん検診における過剰診断の割合は、アメリカや韓国に比べれば相対的に少ない。しかし、「日本では過剰診断が起こらない」ということではない。「過剰診断は起こる」ということを明示しなければならないのではないか。

具体的には、「一般的に、がん検診として甲状腺に超音波を用いた集団スクリーニングを行うことは、メリットよりデメリットが上回るから推奨されていません」と示すのであるならば、さらに、国際的な専門家グループ（WHOのIARC）が「原発事故後であっても、甲状腺への放射線被ばく線量が低いと推定された場合は、すべての住民を対象とするスクリーニング検査を行わないことを推奨している」と提言しているという情報を、税金を投入して国際的な専門家に評価してもらったので、住民に対して提供した方がよい。

甲状腺検査の不利益

福島の甲状腺検査は、実質的には甲状腺がんのスクリーニング検査である。

甲状腺がんスクリーニングで無症状の甲状腺がんを発見すると、利益よりも不利益が上回るとされている。では、どのような不利益が考え

注12：Vaccarella, S. et al. (2016) Worldwide Thyroid-Cancer Epidemic? The Increasing Impact of Overdiagnosis. *The New England Journal of Medicine*, 375 (1) . doi: 10.1056/NEJMp1604412

られるのだろうか。

福島県立医科大学の村上道夫准教授らが、子供の甲状腺がんの過剰診断による不利益を四つ指摘した（注13）。

（1）受診者の被る不利益――過剰治療と心理社会的不利益

小児がんを経験した人は、身体的な負担だけでなく、就職や結婚などに際し、心理的・社会的な不利益を被る。この不利益は、甲状腺がんと診断されたことそのものによって生じるため、経過観察などによって過剰治療を抑えても、減らせない。

甲状腺がんの九〇％以上は進行が遅く、発症してからの治療でも治りやすいという特徴をもつ甲状腺乳頭がんである。甲状腺がんの過剰診断による不利益は、本来ならば一生必要なかったはずの治療（過剰治療）に結びつくことがまずあげられる。

しかし、福島県の甲状腺検査のように、子供や若者が「がん」と診断されると、たとえ手術せずに経過観察（がんが進行しないかどうか、定期的に検査を続けること）を選択しても、心理的・社会的な不利益を被る。就職や結婚のほか、妊娠や出産、保険加入など、人生のあらゆる場面で不利益を被る可能性がある。これは患者にとって深刻な不利益といえよう。

（2）医療従事者の心理的苦痛

過剰診断は、甲状腺がんそのものの性質によって起こる。したがって、スクリーニングで無症状の甲状腺がんを発見すると、どれほどその診断基準を工夫したとしても、過剰診断は避けられない。子供や若者に過剰診断の不利益をもたらすことを知りながら、スクリーニングに従事する現場の医療従事者の精神的負担は少なくない（注14）。

（3）過剰診断が起こると、あたかもその集団で甲状腺がんが本当に増加しているかのように見えるため、社会に恐怖と混乱を引き起こす。不安になった人が何度も検査を受けるため、過剰

注13：Murakami, M., et al. (2019) Harms of Pediatric Thyroid Cancer Overdiagnosis. *JAMA Otolaryngol Head Neck Surg.*, 146 (1). doi: 10.1001/jamaoto.2019.3051

注14：SYNODOS「福島県の甲状腺検査は一刻も早く中止すべきだ―森田宏氏インタビュー」［https://synodos.jp/fukushima_report/23092 (2021年3月18日閲覧)］

診断がさらに増えていく可能性がある。

無症状の人に甲状腺検査をした場合、症状が出てから病院を受診して診断された場合に比べ、数十倍の甲状腺がんが発見される。福島県以外では、国内外問わず、大規模な甲状腺がんスクリーニングは行われていない。そのため、あたかも、福島県では他県よりも甲状腺がんが増えているかのように見える。その結果、不安になった人がさらに検査を受けることで、過剰診断がさらに増える可能性がある。

(4) 過剰診断は、がんを増加させている真の要因を隠す。

甲状腺がんは、別の原因で亡くなった方の剖検（解剖して検査すること）によると、一～三割ほどの人に見つかるがんである。つまり、日本人の一～三割ほどが甲状腺がんになり、しかし症状を呈さずに一生を過ごしていると考えられる。過剰診断は、この一生症状を出さない甲状腺がんを見つけることである。

症状が出てから病院を受診して診断される甲状腺がんに比べて、スクリーニングによる無症状の甲状腺がんの発見率は数十倍になる。もし、放射性ヨウ素などの甲状腺がんを増加させる真の要因があったとしても、過剰診断によって数十倍の発見が起きていれば、真の要因による増加は統計的には隠れてしまう。過剰診断は、がんを増加させている真の要因を隠し、結果として、がんの予防を妨げる。

受診者の被る心理社会的不利益とは

前述の「甲状腺検査の四つの不利益」のうち、一点目にあげた、受診者の被る不利益の、とりわけ心理社会的な影響が、とかく軽視されがちである。

一九八六年のチェルノブイリ原発事故の際に、周辺地域住民に対して甲状腺検査が行われた。このとき、検査の心理社会的な影響についての検討はほとんどされなかった。しかし、チェルノブイリ原発事故の後に、周辺地域住民に目に見えて増加したのが、自殺や社会不安など、心理社会的な被害であったことが指摘されている。福島第一原発事故後の、心理社会的影響を軽視してはいけない理由は、ここにもある。

福島県立医科大学の緑川早苗准教授らの研究グループが、甲状腺検査の心理社会的影響について、受診者に生じる利益と不利益を分析している（注15）。

・検査によって生じる不利益

(1) 偽陽性（超音波検査でがんの可能性があるとされたものの、精密検査の結果、がんではなかったもの）→高頻度で起こる

(2) 偽陽性診断を受けた人の心理的負担→高頻度で起こる

(3) 過剰診断（見つけなければ一生気づかず、症状を呈することがなかった甲状腺がんを発見したもの）→高頻度で起こる

(4) 過剰診断を受けた人の心理的負担→高頻度で起こる

(5) 手術後の感染症や後遺症→まれに起こる

・検査で得られる利益

(1) 検査によって防げる健康被害→あまり期待できない

(2) 検査がなければ被る健康被害のすべてを漏らさず診断する→可能かどうか不明

(3) 早期診断・早期治療で得られる健康面の利益→医学的な根拠なし

以上のように、甲状腺検査によって受診者に生じる不利益は、五項目のうち四項目が高い確率で起こり、一方の利益は、三項目すべてにおいて、起きる可能性が低かったり実際に得られるかが不明だったりすると考えられた。

研究グループは、研究結果から、「原子力災害後の、子供や若者を対象にした甲状腺検査については、心理社会的に多くの問題がある」と指摘している。

甲状腺検査のリスクは知られていない

すべてのがん検診は、リスクを伴う。これについて、以前、国立がん研究センターの津金昌一郎先生にお話を伺ったことがある（注16）。

注15：Midorikawa, S., et al. Ohtsuru (2017) Psychosocial Issues Related to Thyroid Examination After a Radiation Disaster. *Asia Pacific Journal of Public Health*, 29 (25). doi: 10.1177/1010539516686164

甲状腺検査は、原発事故の県民の不安に応えるため、あるいは放射線被ばくによる甲状腺への影響を調べるためなど、通常公的に実施される他のがん検診とは異なる目的も含む。しかし、それでも受診者にとっては甲状腺がんを発見する検査である、したがって、他のがん検診と同じように、リスクを伴う。リスクを伴う検診を実施する際には、当然、受診者にそれを十分伝える必要がある。

ところが、実態は異なる。福島県の甲状腺検査を受ける当事者やその家族のほとんどは、甲状腺検査にリスクがあることを知らない。

二〇一九年一月一五日に福島市で開かれた国際シンポジウムで、福島県立医科大学の緑川早苗准教授が、甲状腺検査についての出張説明会(住民説明会)におけるアンケート調査の結果を発表した(注17)。

調査対象になった説明会は、二〇一八年五月〜一一月に一六会場で、主に子供の保護者や教職員の方を対象に開かれたものである。参加した三八九人(男性一三・六%、女性七二・二%)に対して、説明会を受ける前にアンケートを実施した。

アンケートのうち「甲状腺検査にもメリットとデメリットがあります。このことをご存じでしたか?」という質問に対し、「はい」の回答は一一・八%、「いいえ」の回答は八〇・五%と大きな差が出た(次頁図5)。

また、福島県立医科大学の別の調査では、県外の二つの大学で学生三四七人に対し、同様の質問をしたところ、「はい」の回答は二三・九%、「いいえ」の回答は七一・八%だった。

通常、自治体などが行うがん検診は、子供を対象にしない。ところが、福島県の甲状腺検査では、子供や若年者を対象とするがん検診を行っている。過剰診断は、若年者ほど大きな不利益をもたらす。精神的苦痛が高齢者よりも長期間にわたる上、結婚や出産など、多くの場面で障壁となり得るためだ。だからこそ、検査で被り得るマイナスの側面について、通常よりもさらに入念な情報提供が必要となる。それにも

注16:SYNODOS『公正で倫理的な「天秤」を持つ―がんのスクリーニング検査のメリットとデメリット/津金昌一郎氏インタビュー』
[https://synodos.jp/fukushima_report/21788 (2021年1月10日閲覧)]

注17:SYNODOS「福島の甲状腺検査のリスクとベネフィットの認知度はどのくらい?」
[https://synodos.jp/fukushima_report/22520 (2021年3月18日閲覧)]

かかわらず、これほど多くの受診者に、甲状腺検査に伴うリスクの存在そのものが伝わっていないという現状は、今後の大きな課題といえる。

■福島の甲状腺検査が学校で行われることの問題点とは？

原発事故の後、福島県は、原発事故当時一八歳以下だった全県民を対象に、甲状腺検査を実施している。

福島の甲状腺検査の受診率は、原発事故から一〇年を経てなお、六～七割を保っている。原発事故直後では九割近く、他のがん検診が三～五割程度であることを考えると、ほぼ倍である。福島県の甲状腺検査は、不安解消や線量評価などの別の目的を含んでいるために、純粋にがんの早期発見によるメリットとデメリットだけを考慮した他のがん検診とは異なり、デメリットの多いがん検診である。それにもかかわらず、他のがん検診よりも受診率が高いのは、なぜだろうか。先に述べた通り、受診者にリスクの存在が伝わっていないこともあげられるが、実は

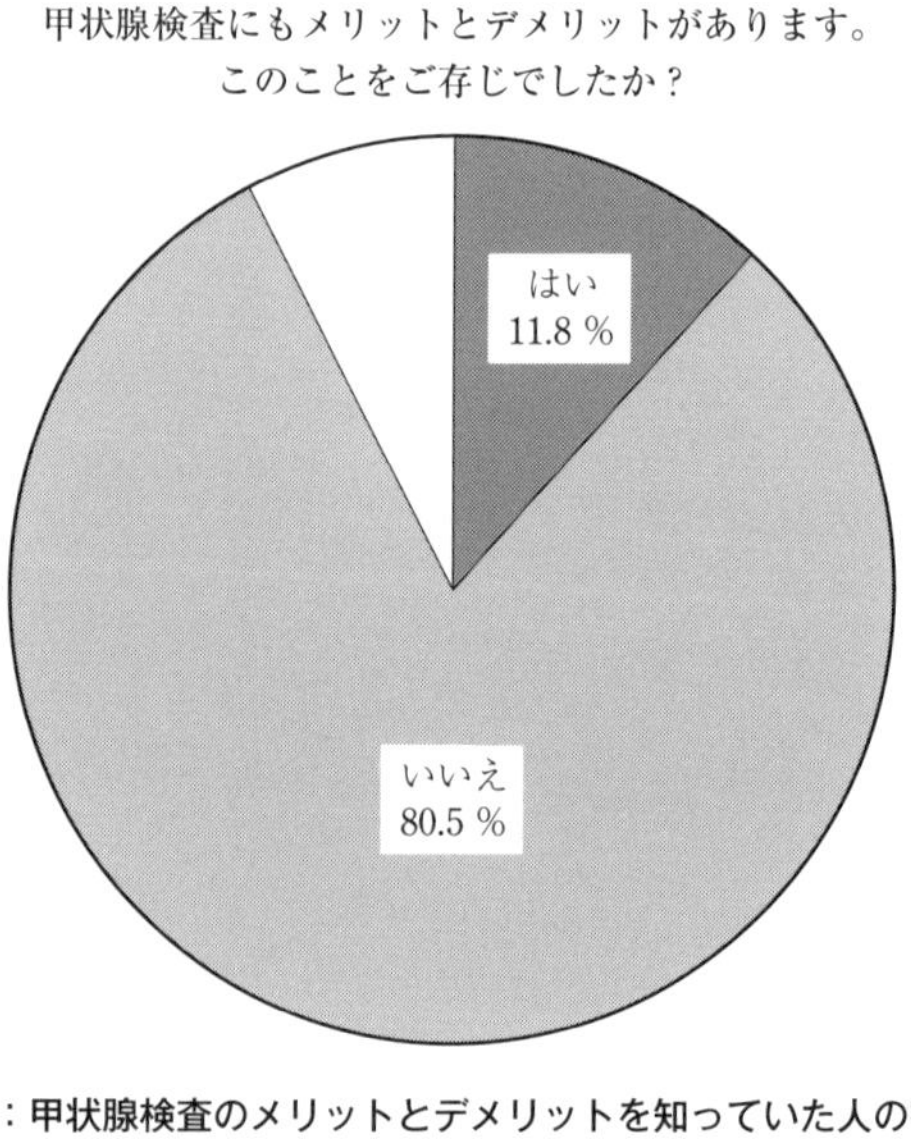
甲状腺検査にもメリットとデメリットがあります。
このことをご存じでしたか？
はい
11.8 %
いいえ
80.5 %

図５：甲状腺検査のメリットとデメリットを知っていた人の割合

出典：福島県立医科大学放射線医学県民健康管理センター主催（平成 31 年 4 月 14・15 日）国際シンポジウム「よりよい復興～世界から福島へ、福島から世界へ」発表資料より作成

他にも大きな理由がある。

甲状腺検査は、県内在住の小中学生、高校生について、通学している学校で、授業時間の一部を使って行われている（以下、学校検査）のである。

学校検査は、福島県の県民健康調査検討委員会と甲状腺検査評価部会の委員や、検査の現場を知る福島県立医科大学の研究者などにより、問題があると指摘されている。

学校の授業時間に甲状腺検査を実施すると、受診する子供や保護者が「受けなければならない検査である（強制性のある検査である）」と誤解するおそれがあるためだ。

学校検査は、市町村の教育委員会から要望を受けて実施されている（注18）。

学校検査は、もともと、三〇万人を超える子供に対して検査を行う実施側と、検査を受ける子供や保護者の利便性を考慮したものだった。甲状腺検査は希望者だけが受けるものであることは、検査受診のお知らせ文にも記されてはいる。しかし、授業時間を使って検査を行うことにより、子供や保護者に、「受けなければならない検査である」という誤解を招いているのが実情である。

学校では、身体測定など、他の健康診断も行われている。甲状腺検査もそれらと同じようなものであるととらえられてしまうのである。実際、学校検査で検査を受診する対象者に関しては、受診率は八～九割にものぼる。

学校検査では、受診率が九割に達する一方で、八割もの保護者らが検査に伴うリスクを理解していないという状況であるということになる。

学校検査については、専門家や現場の医師などから、次のような批判の声があがっている。一部を紹介する。

・髙野徹委員（注19）

「授業の合間にされているということで、これはおそらく医学倫理的にいって子供に強制性をもっているということになるので、これはちょっとやめた方がよい。」

注18：福島県ホームページ「第11回甲状腺検査評価部会（平成30年10月29日）について　資料3-1」［https://www.pref.fukushima.lg.jp/uploaded/attachment/295103.pdf (2021年4月16日閲覧)］

注19：福島県ホームページ『第29回「県民健康調査」検討委員会（平成29年12月25日）について　議事録』［https://www.pref.fukushima.lg.jp/uploaded/attachment/262181.pdf (2021年4月16日閲覧)］

・緑川早苗、福島医大甲状腺検査推進室長

「学校検査は授業時間中に検査を行っています。多くの学校ではクラス全員を検査会場にお連れして、受けない方もお連れして、受ける方の個人を確認した上で同意書の出ている方に受けていただくという手続きをとっていますので、受けないという意思表示をあらかじめされる方は限られた人だけで、学校検査の受診率は九〇％を超えている状況です。ですので、最初にオプトアウト（注20）で受けないという意思表示がなかなかしにくい状況が学校検査ではあるのだろうと思います。」

・稲葉俊哉委員（注21）

「特に学校検査を行う場合にはどうしても強制性というものをなかなか完全に拭うわけにはいかない。」

・津金昌一郎委員

「特にやはり学校とか、強制的になる傾向にあるような検査は、何かしらやり方を見直すべきではないか。」

また、二〇二〇年三月に、福島県立医科大学の研究者による、学校検査の問題を指摘した意見投稿が、英科学誌“*Nature*”に掲載された（注22）。

研究者は、「災害被災地の人たちは行政や専門家の支援を必要とする。そのような状況では、住民は問題点を十分に理解せずに研究への参加に同意してしまうことがある」と指摘した。その一例として、福島県の甲状腺検査に触れ、「検査を受診する子供やその保護者は、検査受診の同意書を提出している一方で、過剰診断のリスクを知らない。授業時間中に検査を行うことは、検査が義務であるという印象を与えかねない」と述べている。

福島県の甲状腺検査は、検査の通知が送られ、同意書を提出した人だけが受診するというかたちをとっている。検査の通知が公的機関から送付されているという意味で、積極的な検査である。しかし、同意書の提出を求める点で、形式

注20：「受ける」ことが前提となっており、「受けない」人が意思表示をする必要がある状況。
cf. オプトイン：受けないが前提で、「受ける」人が申し込む必要がある状況

注21：福島県ホームページ『第36回「県民健康調査」検討委員会（令和元年10月7日）について　議事録』[https://www.pref.fukushima.lg.jp/uploaded/attachment/360819.pdf]

注22：Midorikawa, S. and Otsuru, A (2020) Disaster-zone research: make participation voluntary. *Nature*, 579. doi: 10.1038/d41586-020-00695-0

上は「強制性がある」とまではいえない。しかし、多くの子供や保護者が、甲状腺検査を「受けなければならない」「受けるのは当然である」「わざわざ受けないと意思表示するという発想がない」などととらえている、いわば実質的な強制性が生まれている。

国際的勧告

福島第一原発事故は、一九八六年のチェルノブイリ原発事故と同等の「レベル七」に分類されている。しかし、放射性物質の飛散量をはじめ、チェルノブイリ原発事故後との差異もわかってきた。同時に、チェルノブイリ原発事故から三〇年あまりの間に、原子力災害後の放射線被ばく影響などについての科学的知見も蓄積された。測定や医学の技術も発達した。これらに基づいて福島第一原発事故後の状況をみることで、改めてチェルノブイリ原発事故後の状況を見直す動きもある。そして、原子力災害後の住民の健康を守るためにどうすべきかというテーマについても、いくつかの国際機関が検討している。

世界保健機関（WHO）の国際がん研究機関（IARC）の専門家グループ（TM-NUC）は、二〇一八年、「原子力災害後の甲状腺の健康調査」と題した文書をまとめた（注23）。文書では、二つの勧告がされている。

(1)　原子力災害後に、全住民を対象とした甲状腺スクリーニング検査は実施しないこと。

(2)　原子力災害後に、リスクが高い個人に対して「甲状腺モニタリングプログラム」を考慮すること。

この二つの勧告について、詳細をみていく。

(1)　原子力災害後に、全住民を対象とした甲状腺検査は実施しないこと。

「全住民を対象とした甲状腺スクリーニング検査」とは、甲状腺の被ばく線量にかかわらず、対象地域の全住民を検査対象とすることを指す。このような甲状腺スクリーニング検査は「不

注23：環境省ホームページ「甲状腺モニタリングの長期戦略に関する国際がん研究機関（IARC）国際専門家グループの報告書について」
[http://www.env.go.jp/chemi/rhm/post_132.html (2021年1月10日閲覧)]

利益が利益を上回る」とされ、推奨しない(反対する)。

成人を対象とする大規模な甲状腺スクリーニング検査を実施すると、「過剰診断」が起こることが、すでにわかっている。原子力災害によって甲状腺がんが心配されるのは子供だが、子供の場合でも、成人と同様に過剰診断が起こる可能性がある。

(2) 原子力災害後に、リスクが高い個人に対しては「甲状腺モニタリングプログラム」を考慮すること。

ここでいう「リスクの高い個人」について、IARCは「甲状腺の被ばく線量が一〇〇〜五〇〇mGy(この場合はmSvに置き換えられる)あるいはそれ以上」の人と定義している。

ここで、「甲状腺モニタリングプログラム」という新しい概念が出てきた。このプログラムには、健康リテラシー教育、検査の対象となる人を登録する制度、甲状腺検査とその後の治療のデータ収集などが含まれている。実施に当たっては、対象者が検査を受けるかどうかを選択できる仕組みが前提とされる。

このモニタリングプログラムはあくまでも個人に対するものであり、住民全体に対するスクリーニング検査とは区別することが重要な点である。

IARCの勧告は、「過去の原子力災害への対応や現在進行中の施策を評価するものではない」とされている。したがって、二〇一一年から開始して現在進行中である福島県の甲状腺検査は、勧告の対象から外れる。しかし、今後もしどこかで福島第一原発事故と同様の原子力事故が起きたとしても、福島県の甲状腺検査のような甲状腺がんスクリーニングを実施することは推奨されないという勧告を、国際的ながん研究機関が公表しているということを、どうとらえるか。

二〇一八年一二月二七日に開かれた福島県県民健康調査検討委員会の記者会見で、星北斗座長は、「将来的にこの検査をどういう風にしていくのかについて、議論の一つの参考として取り扱うことは避けられない」とした。専門家グループに関わる費用は環境省が負担しているという点も無視できない。

TM-NUCのメンバーとして参加したディビス・ルイーズ氏のコメントを一部紹介する（注24、25、26。著者訳）。

「福島県の県民健康調査に関連する資料や、県民健康調査に関わる医師らの説明によれば、福島の甲状腺検査では、甲状腺結節および甲状腺がんの診断と治療は抑制的に行われているようだ。例えば、サイズや病変の所見に基づいて、穿刺細胞診《せんしさいぼうしん》（針で甲状腺の組織を抜き取って行う検査）を行う必要のない結節を選んだり、手術するときに甲状腺をすべて摘出するのではなく、半分のみの切除にとどめたりしている点である。福島の甲状腺検査のこういった側面は、スクリーニングの不利益である過剰診断や過剰治療を最小限にするのに役立っているともいえるだろう。

しかし一般論としていえば、どのような方法でのスクリーニングであっても、それがスクリーニングである限り、過剰診断のリスクをなくすことはできない。甲状腺がんそのものが問題を引き起こす可能性が低いためである。その点において、福島の県民健康調査における甲状腺検査も例外ではない。」

「今回のIARCの勧告を、福島の甲状腺検査に適用することを阻むものはない。

福島の住民や、甲状腺検査を実施している専門家は、今回のIARCの報告をよく読み、話し合い、福島の甲状腺検査にIARCの勧告を適用するかどうかを、もし適用するならばその方法を、自分たち自身で決めるべきである。すべての人が甲状腺検査の利益と不利益を理解し、理解する過程で信頼が育まれるように、互いに協力できればよい。」

「福島の甲状腺検査に関わる専門家は、これまでに蓄積されたデータに基づいて、スクリーニングの利益と不利益を評価し、専門家会合を開いてよりよいかたちを決めるべきである。

甲状腺検査のあり方を変えるにしても変えな

注24：Davies, L. and Welch, H. G. (2014) Current Thyroid Cancer Trends in the United States. *JAMA Otolaryngol Head Neck Surg*, 140 (4). doi: 10.1001/jamaoto.2014.1

注25：Davies, L. and Welch, H. G. (2006) Increasing Incidence of Thyroid Cancer in the United States. *Journal of the American Medical Association*, 295 (18). doi: 10.1001/jama.295.18.2164

注26：Davies, L., et al. (2015) American Association of Clinical Endocrinologists and American College of Endocrinology disease state clinical review: Endocrine surgery scientific committee statement on the increasing incidence of thyroid cancer. *ENDOCRINE PRACTICE*, 21 (6). doi: 10.4158/EP14466.DSCR

いにしても、検査の対象者が十分な情報に基づいた決定をするために、検査に参加することの利益と不利益についての最新の知見を伝えられる必要がある。」

現場に立ち続けた医師からの伝言

——緑川早苗氏　インタビュー

本節では、福島県の甲状腺検査の中心的業務に、検査が始まった当初から関わった医師のインタビューを紹介する。緑川早苗氏（元福島県立医科大学准教授）は、二〇二〇年三月末で福島県立医科大学（以下、福島医大）を退職した。その後、甲状腺検査についての正しい情報を発信したり、不安を抱える人の相談窓口を設けたりするNPO「POFF」（次頁注1）を医療関係者や住民の有志とともに発足し、共同代表を務めている。

■流れ作業のように行われる「学校検査」

——二〇二〇年三月末で、福島医大を退職されました。在職中は、甲状腺検査にどのように関わっていらっしゃいましたか。

緑川　原発事故が起きた二〇一一年三月当時は、福島医大で内科医として勤務していました。チェルノブイリ原発事故が起きた後、周辺地域に住む子供の甲状腺がんがたくさん見つかりました。原発事故の後にも同じようなことが起きるんじゃないかという不安を、私自身も漠然と抱いたことを覚えています。

　まもなく、福島県が子供の甲状腺検査をすることになりました。検査は、福島県が福島医大に委託して行っています。私にも「甲状腺検査を手伝うように」と声が掛かり、それから検査の現場での仕事が始まりました。

——具体的にはどのようなお仕事をなさっていましたか。

緑川早苗
内科医。専門は内分泌内科学。原発事故後の甲状腺検査に従事した経験から、住民の甲状腺検査に関する疑問や不安に対応する活動を開始した

緑川　甲状腺検査そのものを担当していました。対象となる子供たちの首に、超音波機器を当て、画面に映る映像で甲状腺の様子を確認するというものです。

それから、超音波検査の結果、精密検査（二次検査）を受けるようにいわれた子たちが、安心して話せるような時間をつくるようなこともしていました。検査会場で恐怖や不安のあまり泣いてしまうことがよくありましたので。

その延長で、個別に甲状腺検査についての電話相談や、甲状腺検査の説明会や出前授業などを続けていました。そういう意味では、検査対象の方々に最も近い場所にいたといえるのかもしれません。

――高校生以下の対象者は、原則学校の授業時間を使って一斉に甲状腺検査を受けている（以下、学校検査）とのことです。学校検査の現場の様子を伺えますか。

緑川　子供たちは、クラスごとに検査を受けにきます。そして機械的に検査ブースに割り振られ、検査台に寝て、超音波機器を当てられ、出ていきます。流れ作業のように行われるので、何の疑問を抱く間もありません。

例えば、学校の体育の授業で、「ボールをついて、校庭を一周回ってきましょう」と言われると、子供たちはその通り、ボールをつきながら校庭を回ってきますね。それと同じように、子供たちは、ごく自然な流れのままに、甲状腺検査を受けているのです。

それでもときどき、とても心配そうな表情の子を見かけることがあります。検査会場で、「こんにちは」と声を掛けても、他の子みたいに元気よく挨拶が返ってこない。怯えたような、不安そうな感じで立っています。

「ああ、この子はもしかして」と思って、「検査、苦手かい？」と声を掛けると、やっぱりどうも、あんまり検査が好きじゃない。「やっても大丈夫？」と訊くと、「やってもいい」と返ってきて、それで検査をしますね。すると、例えばしこり（結節）があったりするんです。

注1：POFF ホームページ［https://www.poff-jp.com/］

もしかしたら、前回の検査でも「結節がある」と言われて、二次検査に行った経験があるのかもしれません（注2）。

このように、自分の甲状腺について、もし何か悪いことを言われたら嫌だなという子も中にはいます。あるいは、家族が皆とても放射線について心配しているという場合もあります。超音波機器を首に当てている最中に、「放射線、入っていますか？」と訊く子もいました。

一人ひとりの体の病気についての検査ですから、受ける・受けないの選択は、一人ひとり違っていて当然です。それにもかかわらず、全員一律に、流れ作業のように検査を受けている今の状況には問題があると思います。

■福島県の子供たちの反応

――甲状腺検査の説明会の様子を伺えますか。

緑川　福島医大の甲状腺検査室の業務の一環として、七年ほど出張説明会を担当していました。当初は大人向けの説明会をしていたのですが、ある小学校の先生から、「子供たちにも説明してあげてほしい」と依頼されました。そこで、二〇一四年に、初めて出前授業というかたちで子供たちに向けた説明会をしました。大学からも、その頃は「子供たちに甲状腺や検査のことを説明するのはよいことだ」と、歓迎されていました。

出前授業は、放射線技師や広報の方々も入っていただいて、チームとして学校に伺いました。小さな演劇のようなスタイルをとって、子供たちにも参加してもらいました。その結果、対話も交えながら、楽しく双方向的な授業になりました。この頃の授業の様子は映像記録に残っています。

授業後の感想も、「甲状腺の働きについて学べてよかった」とか「超音波検査の仕組みがわかってすごく楽しかった」とか、とても前向きで明るいものばかりでした。

出前授業の資料は、私が福島医大の広報や事務の担当の方や検査の技師たちと一緒につくって、大学の許可を得たものを使っていました。

注2：一次検査で必要と判断された場合に行う精密検査を二次検査という。詳細な超音波検査、血液検査、尿検査のほか、医師が必要と判断した場合には穿刺吸引細胞診を行う

今は「なぜ？　なに？　甲状腺検査」としてホームページにも残っています。当時の資料では、主に甲状腺検査の説明をしており、甲状腺がんや過剰診断にはあまり触れられていませんでした（注3）。

この資料や、それを使った当時の出前授業のメインメッセージは「のう胞（分泌物が袋状にたまったもの）は心配ありません」そして「これからも甲状腺検査は続いていきますよ」でした。

私は、甲状腺がんについてほとんど触れずに、甲状腺や超音波検査、のう胞や結節などについてだけ説明していたのですが、子供たちは賢いので、そのうち「あっわかった！」って言うんです。「甲状腺に放射性物質が入ると、甲状腺がんになりやすくなるんだけど、福島県では原発事故があったから、それでぼくたちに甲状腺検査をやってるんだね」と。

さらに、「福島県では、原発事故後の放射線被ばくは高くなかったから、チェルノブイリ原発事故のときのように甲状腺がんは増えないと思うよ」と説明しますね。

すると、子供たちは素晴らしいので、本当に素晴らしいので、「そうか、甲状腺検査を受けることで、ぼくたちは、福島県は大丈夫なんだよって世界に向けて証明できるんだね」と言うんです。

そういう反応が、福島県の子供たちからは、出てきてしまうんですよ。

出前授業は、月に何回もあります。それと並行して甲状腺検査を実施します。検査では、一定の確率で甲状腺がんという判定が出てきます。

子供たちは、出前授業で「大丈夫ですよ」って聞いて、「福島県が大丈夫だって証明するために検査を受けるんだね」って思って、それなのに、「あれ？　大丈夫って聞いたのに、ぼくはがんだったんだ」あるいは自分自身ではなくても「甲状腺がんが見つかったということは、福島県は大丈夫ではなかったの？」という思いをするわけです。

私は、自分が子供たちをだましている、裏切っ

注3：現在は、甲状腺がんや過剰診断についての説明、検査のメリットとデメリットについて説明が加えられている（2021年2月26日付）
福島県立医科大学　放射線医学県民健康管理センター　県民健康調査『出前授業・出張説明会教材「なぜ？なに？甲状腺検査（中高生用PDF、第7版）」』
［https://fukushima-mimamori.jp/thyroid-examination/uploads/junior_and%20_senior%20_high_school_student.pdf (2021年4月26日閲覧)］

ていると強く感じるようになりました。

――受診する当事者である子供たちは、もしがんと診断されたときのことを十分に知らされていなかったのですね。

緑川　子供たち自身にも、検査で自分にがんが見つかる可能性があることや、甲状腺がんがどんな病気なのかということを、ちゃんと説明しなきゃいけない、と思いました。それで、出前授業の資料に甲状腺がんの説明スライドを入れました。

甲状腺がんについて説明するのであれば、同時に、超音波で甲状腺検査をすると、甲状腺がんの過剰診断が起こるということも説明する必要があります。

もし検査を受けて、甲状腺がんという診断が出たとしても、それは超音波検査を受けなければ一生見つからなかったものかもしれないんだということは、検査を受診する当事者に必ず伝えなければならない、大切な事実です。

「過剰診断」は医学用語である

――子供たちに、甲状腺がんや過剰診断などの説明をすることに、福島医大内部での反対の声はあったのでしょうか。

緑川　出張説明会や出前授業の内容について、大学で提案しました。すると、「子供たちに甲状腺がんの説明をしたい」というところまではなんとか許可を得られましたが、「過剰診断の説明をしたい」というあたりから、だんだん難色を示されるようになりました。

それまでも、学外の専門家からは、「過剰診断になっている」というご指摘をいただいていました。そして、二〇一七年四月の内分泌学会総会のシンポジウムで、私が「福島県の甲状腺検査にはマイナスがあります」という内容で、大津留晶先生（当時、福島県立医科大学教授。甲状腺検査をスタート時から担当）が「福島県の甲状腺検査で過剰診断が起きている」という内容で、福島医大として発表をし、その場でも一定の理解を得られたように思われました。

ところが、その後、外部の団体から、福島医大宛てに封書や電話での批判が届くようになりました。その影響で、福島医大の業務にも支障が出るようになったのかもしれません。

――過剰診断は、福島県の甲状腺検査だけではなく、すべてのスクリーニング検査で起こるものですね。

緑川　そうです。過剰診断というのは、何らかの主義主張に基づく特殊な言葉ではなく、単純な医学用語です。しかし、福島医大の、検査に関わる上層部の方々は、「過剰診断」という言葉に非常にナーバスになっていきました。加えて、検査についての「強制的」とか「義務的」といった言葉にも敏感になっているようでした。

例えば、福島県では、学校に通う子供たちの甲状腺検査を学校で実施しているために、「受けなければいけない」「受けるのが当然」と、子供や保護者の方々が思ってしまう問題が起きています。

子供たちは、「自分が受ける甲状腺検査にマイナスがあるんだ」ということを知らないことや、そのマイナスが具体的にどういうものなのかも知らないのに、その検査を受けるかどうかを決めなくちゃいけないんです。その状況そのものが、不誠実だと私は感じました。不誠実だし、受けるかどうかを決めるための説明も受けないままで、学校の授業時間に検査が行われているということについては、倫理的な問題があると考えています。

大学の立場ではなく、住民の健康を

緑川　福島医大は、甲状腺検査を県から受託して実施しています。その立場から考えれば、過剰診断が起きていることや、学校検査によって事実上の強制性が生まれていることは、内部から指摘されると困ることなのかもしれません。しかし、福島医大の立場を守るために、福島県の住民が傷つくのを見過ごすことは、私にはできませんでした。

どうしても伝えなければいけないことは、大学に許可された配布資料だけでは不十分でしたので、口頭で説明するなどの工夫をして、何とか伝えようと努力をしてきました。配布資料そのものでも、過剰診断の問題点などがわかるようにしたかったのですが。

——甲状腺検査のやり方によって、過剰診断をなくすことはできますか?

緑川　できません。どんなに抑制しようとしても、甲状腺検査が無症状の方々を対象にする限り、過剰診断をなくすことはできません。

そもそも、抑えようにも、スクリーニング検査で見つかった無症状の甲状腺がんのうち、どれが将来治療しなければならなくなるものなのか、どれが一生症状を出さずに終わるものなのかを、見分けることはできません。

仮に工夫をして、将来治療すべきものだけを診断・治療できる時代になったとしても、そもそも子供や若年者の無症状の甲状腺がんを診断すること（数十年の前倒し診断）そのものに、メリットがあるという根拠がありません。数十年先にはもっと良い治療があるかもしれないのですから。

福島県の甲状腺検査は、原子力災害の後、福島県の住民の不安に応えることを目的として始まりました。しかし、住民の不安にこたえる方法として、大規模な甲状腺検査をすることによって、かえって住民を過剰診断のリスクにさらしてしまっています。

——甲状腺検査開始時と現在とでは、検査をめぐる状況が変わりました。

緑川　甲状腺検査を始めた後しばらくして、受診者にとってマイナスが多いということがわかりました。ですから、やり方は根本的に変えるべきでしょう。

他県ではやっていない子供の甲状腺がんスクリーニングなのですから、少なくとも事前説明では、新たな検査や薬の治験や臨床研究と同じように、この検査によるリスクについてきちんと受診者に説明するというかたちに変えなければなりません。

今の事前説明の資料や甲状腺検査のお知らせ文では、甲状腺検査を受ける子供たちや保護者に、甲状腺検査にメリットが実際よりも多くあり、デメリットが実際よりも少ないように誤解させてしまいます。

——福島医大の甲状腺検査担当者が、甲状腺検査のメリットを声高に主張する理由を、どのようにお考えですか。

緑川　福島県から委託を受けて、甲状腺検査を実施している福島医大に所属する医師が、甲状腺検査のマイナスを指摘するのは不自然であるという理由のようです。

実を言えば、住民の方からも同様の指摘をされたことがあります。

私が、甲状腺検査には受診者にとってのマイナスがあるという説明をしたところ、「先生方は、いわばお店で甲状腺検査を売っているようなものなのですから、商品である甲状腺検査の良い点をアピールしなければいけないんじゃないですか。マイナスがあるなんて言われると、違和感があります」と。

確かに、悪いものならなぜあなたはそれを売っているんだという感覚は自然なものですよね。

住民にも、そういう感覚をもつ方がいらっしゃるほどですから、科学的な事実やデータから言えることとの解釈を曲げてでも、甲状腺検査は良いものだし、自分たちがやっていること、やってきたことは良いことだと信じ続けていたいという強固な思いがあるように感じます。

▒住民一人ひとりの不安を聞き取る

緑川　福島県の甲状腺検査は、「福島県の住民が放射線被ばくによる子供の甲状腺がんを心配して、検査を求めたために始まった」と説明されています。でも、一般の方々が、医療者のように、多くの選択肢の存在を知っているわけではありません。

原発事故後しばらくしてすでに予測されていましたし、最近の研究でもより確かになってきたことですが、子供の甲状腺への被ばくは甲状腺がんのリスクを上げるようなレベルではありませんでした。

このことを知れば、もう甲状腺検査はしなくてもよいかなと思う方はたくさんいらっしゃるでしょう。あるいは、検査をするにしても、高精度の超音波機器ではない方が良いかもしれません。二〇二〇年に、医学雑誌の"*Lancet*"の内分泌・糖尿病に関する姉妹紙にも、小児がんでたくさんの医療被ばくをしたような人であっても、超音波ではなく、五年に一度の触診の方が良いという意見投稿が掲載されています（注4）。

例えば、年に一度病院に来て、触診して、お話をするようなフォローが適した方もいらっしゃるのではないでしょうか。

一人ひとりの不安やその背景事情を聞き取って、それに応じて、そのとき最適と考えられる医療や情報を選んで提供をすることが見守りでしょうし、何がその人にとって今の最適な見守りのかたちなのかを判断するのこそが、医師の仕事だと思います。

一般の住民が超音波検査を求めているようだから、全員に一律で超音波によるスクリーニングをしましょうというのは、少なくとも医師のとるべき選択ではないと思います。

■ファースト、ノーハーム（まず、害を与えてはならない）

——原子力災害などの災害時に、現地の住民の健康を調査する必要があるとき、どのようなことを注意すべきでしょうか。

緑川　災害時に、被災地の住民に対して何か介入するときに、まずは何よりも、「被災者に対する害がない」ということを大前提とするべきです。そして、もし途中で介入に害があることが判明したら、とにかくいったんストップ、や

注4：Li, M., et al. (2020) Global trends in thyroid cancer incidence and the impact of overdiagnosis. *The Lancet Diabetes & Endocrinology*, 8 (6). doi: 10.1016/S2213-8587 (20) 30115-7

り方を見直す。

私は、これが極端に偏った考え方とは思えないのです。ファースト、ノーハームは、医師としてごく基本的な姿勢だと思います。

科学雑誌の"*Nature*"に、災害下のさまざまな調査の行動規範についての論文が掲載されました。私たちはこの論文に、甲状腺検査でも同じような考え方が必要だという意見投稿をし、これが紹介されました（注5）。

——福島県の甲状腺検査は、今後どのようなかたちに改善されることが望まれますか。

緑川　まず、原子力災害後の甲状腺検査全般について いえば、二〇一八年に公開された、IARC（がん国際研究機関）の提言②で「モニタリング」と表現されているやり方が本来あるべき姿だと思います（注6）。

もちろん、モニタリングプログラムでも、無症状の人に検査をすれば、過剰診断は避けられません。でも、一〇〇～五〇〇mSv以上の放射線被ばくをされた方であれば、甲状腺がんのリスクが考えられますから、ご本人の希望があれば、無症状でも超音波検査をすることがあり得ると思います。あるいは被ばく線量が一〇〇mSv未満であっても、一人ひとりの事情がありますから、超音波検査を受けるための公的な窓口そのものを閉ざすべきだということではありません。

放射線被ばくによって起きた甲状腺がんであっても、それ以外の原因の甲状腺がんと同じです。一生悪いことをしないかもしれませんし、もし症状が出ても、それから治療をして治る確率の高いがんであることに変わりはありません。それをよく理解した上で、それでも検査を受けたいという方だけが、個人単位で受ける検査だと思います。

福島県の甲状腺検査については、検査の対象者は、福島第一原発事故当時一八歳以下だった全県民ではなく、放射線による健康影響を心配して、個人単位で申し込んでいらっしゃった方であるべきだと思います。

注5：Midorikawa S. and Otsuru, A. (2020) Disaster-zone research: make participation voluntary. *Nature*, 579. doi: 10.1038/d41586-020-00695-0

注6：環境省ホームページ「甲状腺モニタリングの長期戦略に関する国際がん研究機関（IARC）国際専門家グループの報告書について」
［http://www.env.go.jp/chemi/rhm/post_132.html (2021年1月10日閲覧)］

現状、特に学校検査のある年齢の子供たちにとっては、何となく受けたくなくても、「甲状腺検査を受けるのが当然である」という空気の中で、あえて「検査を受けない」という選択をしなければなりません。それは、子供にとって大きなストレスになります。

心配されている個人の方が申し込んできたときにも、必ず、甲状腺の専門家だけではなく、放射線などの複数の専門家がチームで対応するべきだと思います。

線量評価やリスク評価、心理的な側面からの状況などもみて、十分なコミュニケーションをとって、その上で、もし甲状腺検査を受けるのであれば、そのデメリットも十分に説明して、それから同意をとるべきです。

こういった手間を、一人ひとり全員にかけられるわけがないともいわれるのですが、それは現状のように、原発事故当時一八歳以下だった全県民を対象に考えているからだと思います。自分で申し込んできた方だけを対象にした場合、現状の一八歳以上の方の受診率と同じくらいになると考えてみれば、今の一〇分の一、二年間で約二万人です。それならば、体制によっては不可能ではないと思います。

不安な人をこそ苦しめる

――福島県の甲状腺検査では、甲状腺検査のお知らせが対象者に通知されます。例えば、自治体などからお知らせが通知される予防接種は「積極的勧奨」とされていますので、現在の甲状腺検査はＩＡＲＣが非推奨とした「積極的な対象者の募集」に当たりますか。

緑川　そうです。甲状腺検査の通知を送付した段階で、それはＩＡＲＣが「推奨しない」とした積極的な募集を伴う検査です。

甲状腺がんについての相談窓口を設置してホームページに載せるのはよいですが、そこに申し込むかどうかは住民に委ねるべきです。

そして、放射線被ばくによる甲状腺がんが不安で、申し込んできた方がいても、「心配ならば検査しましょう」と安易に検査を薦めるべきではありません。

人が不安を感じるときは、必ず理由があります。申し込んできた方一人ひとりのお話を伺ってみなければ、不安の理由はわかりません。

対話を重ねて、放射線被ばくではないところに不安の源があることがわかったら、その不安の源に手当てをしなければいけません。

もし本当に放射線による健康影響が心配なのだということがわかれば、甲状腺の被ばく線量を推計してみましょうということになります。重要なのは、このときも、「甲状腺に超音波をあてて調べましょう」とはならないということです。

――一人ひとり異なる不安には、一人ひとり異なるケアが必要になるのですね。

緑川　そうです。ただでさえ、多様な住民の不安に対して、全員一律に甲状腺検査をしてしまおうなんて、あってはいけない対応だと思います。

もし放射線によって甲状腺がんになるのではないかと不安に思う方が、甲状腺検査を受けて、放射線とは関係なくがんが見つかったらどうなるでしょうか？

原発事故では、甲状腺がんを引き起こすような放射線被ばくは起きていません（注7）。でも、甲状腺がんは、放射線とは関係なく、一定の割合で見つかるんです。

もともと放射線被ばくを不安に思っている方が、がんだと診断されれば、容易に放射線被ばくと発がんを自分の中で関連づけてしまいます。

「不安だから検査を受けて安心したい」という方はたくさんいらっしゃいます。検査を実施する福島医大の甲状腺検査担当の先生も「この甲状腺検査はたくさんの方々に安心を与えています」と言っています。だから不安な人は甲状腺検査を受けて安心しましょう、ということで、甲状腺検査を九年間続けてきました。

検査をして、異常が見つからないうちはよいかもしれません。でも、検査を定期的に受け続

注7：UNSCEAR2020年報告書
［https://www.unscear.org/unscear/en/publications/2020b.html (2021年3月18日閲覧)］

ければ、一定確率でがんの診断が出ます。甲状腺がんは、別の原因で亡くなった方のご遺体の多くに見つかる、つまり多くの方が知らずにもっているようながんなのですから。

不安が強いからと甲状腺検査を受けた方は、そのとき、非常に苦しみます。不安が強い人ほど苦しみます。だからこそ、安心のために甲状腺検査をしてはいけないんです。

医師と患者が、ともに解きほぐす

——不安を抱えた方に、どのように向き合っていらっしゃいますか。

緑川 大きな不安を抱えて、何件も医療機関を受診して、それでも解決しないという方が、私のところにいらっしゃることがあります。

私は、まずその方に、「こんがらがっちゃっているよね」と言うんです。こんがらがっちゃっているんです。その、こんがらがっちゃったものを、これから一緒に解きほぐしてみましょう。そうやって、対話を始めます。

こんがらがっちゃったものは、医師が患者さんから取り上げて、解いてしまうのではないんです。一緒に、「ここの結び目は、どうしてこうなっちゃったんだろうね」と考えながら、じっくり解きほぐしていきます。絡まったポイントを、医師と患者さんが一緒に見つけて解いていかない限り、問題は解決しないんじゃないかな、と思っています。

線量測定との決定的な違い

緑川 重ねて言いますが、不安には、必ず理由があります。その不安も、単純に原発事故だけを原因にするものではないことがあります。その理由に引き比べて、過剰診断の害がどれだけのマイナスだと受け止めるのか。それは一人ひとり違った自分のものさしで測るしかありません。

例えば、ある方は、放射線がとても危険で、がんなどさまざまな障害を引き起こすんだという言説に影響された原因を、ご自身で分析されて、「震災と原発事故のあった年に、死産を経験したからだと思います」と仰いました。
あるいは、もともとの持病が症状を出したことと放射線とを結び付けて不安になってしまう方もいらっしゃいます。
住民が、自分自身のものさしで測って、自分自身で判断できるようになるサポートを続けることこそが、本来の見守りだと思います。

――原発事故の後、外部被ばくや内部被ばくを測定して対話をする取組みがなされてきました。それらの取組みと甲状腺検査との違いは何でしょうか。

緑川　甲状腺検査が、放射線の線量測定と大きく異なるのは、病気を診断してしまうという点です。

空間線量測定は、環境中の放射線量を測定しています。ホールボディカウンターでは、体内の放射線量を測定しています。これらはあくまで環境のリスク因子の一つを検査しているだけで、ほとんどは精査が必要というものではありません。ごくまれに少し高い人がいてもそれそのものが何かの病気だというわけではなく、そして何らかの対策がとれるものです。

これらの線量測定と違い、甲状腺検査は、放射線とはまったく無関係に、個人の病気を診断して、その人のその後の人生に大きな影響を与えてしまう検査なんです。

だからこそ、常に、診断することの利益が不利益を上回っているのか、今のやり方が正しいのかどうかを確認し、見直していく態度が必要なんじゃないかと思っています。

原発事故の後、甲状腺検査が始まったことは仕方がなかったと思います。

でも、検査一巡目で一一六人の悪性または悪性疑いの人が見つかり、二巡目では七一人が診断されました。そして韓国で甲状腺がんの過剰診断問題が明るみに出て、二〇一四年にはトップジャーナルの“*New England Journal of Medicine*”に論文も掲載され、その後甲状腺がんの過剰診断に関する論文も増えました（注8）。

注8：Ahn, HS., et al. (2014) Korea's thyroid-cancer “epidemic” – screening amd overdiagnosis. *The New England Journal of Medicine*, 371 (19). doi: 10.1056/NEJMp1409841

二〇一六年か二〇一七年のあたりには、福島の甲状腺検査はいったん立ち止まって、現状のやり方を見直して、変えていかなくてはならなかったのではないでしょうか。

私が甲状腺検査に加わるように言われたときには、「住民の健康を見守るため」の検査だったはずで、そう住民にも説明して始めたはずの検査なのに、いつのまにか、これは研究になってしまっているように感じます。

▩被災者がさらに背負わされる理不尽

緑川　福島医大を辞めるとすれば、私はもともと臨床医ですから、通常の診療に完全に戻るというのは一つの選択肢になり得ます。

もしそうなれば、私は内分泌内科医ですから、甲状腺検査で甲状腺に異常を指摘された子の診察も当然することになるでしょう。テレビをつければ、県民健康調査検討委員会で甲状腺がんが何人増えましたと報道しているのを見るでしょう。私は検査の理不尽に気づいているのに、黙って口を閉ざして、ただ目の前の診療だけをするわけです。

それは、私には、とても耐えられないと思いました。

この数年間、自分の仕事の九割近くを、福島県の甲状腺検査で子供たちが傷つくことを減らす方向にできないか、ずっと模索し続けてきました。

でも私たちは、結局それを実現できなかった。実現できなかったから、福島の子供たちは、今も不利益を受け続けているんです。甲状腺検査の害が気づかれずに見過ごされて、このまま検査が続いてゆけば、福島の住民はずっと傷つき続けるんです。

福島県の住民は、原発事故を経験しました。それだけだって、十分すぎるほど理不尽な経験でしょう。それなのに、甲状腺検査でまた理不尽を背負い込まされるのです。

そんな状況を傍目《はため》に、自分は目の前の患者さんだけを診て、病気が治れば一緒によかったねって。自分も満足して幸せです、って。そんなことは許されないでしょう。

私はこの手で、三万人近くの子供たちの甲状腺に超音波を当てたんですから。

甲状腺検査について住民の方に本当のことを知ってもらいたいです。甲状腺検査によって困った状況になっている方、検査を受けるかどうか迷っている方、放射線や甲状腺がんについてご心配されている方に少しでも手が届けばよいな、と思っています。それで、ＰＯＦＦの活動を始めました。

福島県の甲状腺検査のようなことが繰り返されないように

――原発事故の後、福島県に必要だったものはなんでしょうか。

緑川　大津留先生に、「被ばく医療」という特別な学問体系が、それだけで独立して存在するわけではないと教わりました。被ばく医療は、普段の診療の延長線上にあるんです、と。私自身も原発事故後の経験を通じて、その通りだと改めて思います。

原子力災害下では、医療者の生き方そのものが問われます。「私は放射線の専門家じゃないから、被ばく医療はできません」と言って、福島県から離れてしまった方も少なくありません。一方で、県外からたくさんの先生方がいらっしゃって、福島県の住民のために努力してくださいました。

その中でも、一番重要なのは「普通のお医者さん」だったなと思います。普通の、内科や外科や耳鼻科などの、普段の医療で放射線を少しは使うし、医学の常識としての知識はあるけれど、放射線を専門にしているわけではないお医者さんたちです。

原子力災害があったから特別なことをするのではないんです。ごく普通のまちの診療所や病院が、普段の診療の中で、放射線による健康影響についての不安とどう付き合えばよいのかということを、不安を煽る情報に惑わされずに、地元の患者さんたちとじっくり向き合っていくことがとても大切だと思います。

そういう姿勢がないと、不安なら集めて検査をして解決してもらいましょう、という方向へ安易に流れてしまいます。今回の不安ってそうじゃないよね、検査して病気じゃなければ解決するような単純な話じゃないよね、って、患者さん一人ひとりの不安と向き合っていれば、わかるはずなんです。

原発事故の直後は、初めて放射線の健康影響への不安に直面しましたから、難しかったかもしれません。

でも、今後原子力災害が起きてしまったときには、私たちは、「あなたが、内科医として、外科医として、普段の診療の中で、患者さんの不安にちゃんと向き合えば、それで解決することがほとんどなんですよ」って言えます。

せめてもう二度と、福島県の甲状腺検査のようなことが、世界のどの国や地域でも繰り返されないことを願います。

処理水の処分法を巡る議論

——対談　木野正登氏×多田順一郎氏

本節では、廃炉措置の続く福島第一原発構内の課題を考察する。

原子炉の運転を停止して施設を解体し、核燃料を安全に処理または貯蔵することを「廃炉」という（燃料や主要設備を取り去り、原子炉施設自体は解体せず、人が接近できない状態で保管管理する方法もある）。

福島第一原発の一〜三号機では、燃料が溶け落ちて、格納容器の内外に高濃度の放射能汚染が生じている上、津波と水素爆発によって施設が破損したため、通常の廃炉よりも多くの作業が必要となる。事故で壊れた建屋からの核燃料の取り出しに加え、溶けて固まった核燃料（デブリ）などの取り出しという工程も含まれる計画だ。

使用済み核燃料は、取り出した後、万が一、大規模な災害などが起きても危険のない場所に一時保管される必要がある。福島第一原発の敷地内において、再度大津波が起きた場合にリスクの低い場所は海抜三五mの高台エリアである。しかし今、高台エリアの大部分はタンク群が占める。

現在九七〇基を超えるタンクの中身のほとんどは、処理水である。ここでいう処理水とは、複数の放射性物質を多く含む「汚染水」を「多核種除去設備（ALPS）」などを使って処理した後の水だ。

ALPSなどを使っても除去できない唯一の放射性物質が「トリチウム」である。

トリチウムは、水分子の中の水素原子が一つトリチウムに置き換わった「トリチウム水」として存在する。トリチウムは、原子力施設と関

福島第一原発構内のタンク群
（東京電力ホールディングス）

係なく、大気圏に注ぐ宇宙線が上層の大気と相互に作用して、常につくり出され、雨とともに地上に降り注いでいる。放射性セシウムとは異なり、きわめて透過力の弱い、低エネルギーのβ線しか放出しない。このため、トリチウムは外部被ばくを起こさず、内部被ばくも放射性セシウムの一〇〇〇分の一程度しか起こさない。

建屋には地下水の流入があり、汚染水は日々処理されている。一方、高台に設置されているタンクの貯蔵限界は一三七万トンとされる。二〇一九年三月、処理水の貯蔵量は一〇〇万トンを超えた。

処理水の処分について、経済産業省の小委員会は、説明・公聴会を開催してきた。同会では、「トリチウムについての情報発信が足りない」などの意見も出た。

原発事故直後から福島に関わり、福島第一原発廃炉に関わる取組みを担当する木野正登氏（経済産業省資源エネルギー庁参事官）と、長年放射線防護の分野で活動を続ける多田順一郎氏（NPO法人放射線安全フォーラム理事）にお話を伺った。

対談 木野正登氏×多田順一郎氏

廃炉を安全に進めるために必要な「高台」エリア

——福島第一原発構内に、処理水は今どのくらいあるのでしょうか。また、タンクでの処理水の保管はいつまでできるのでしょうか。

木野 二〇一九年三月末の時点で、原発構内にはおよそ一一七万トンの水があり、そのうち処理水は一〇〇万トンを超えました。タンク内の水の大部分は浄化処理済みの水ということになります（157頁注1）。

処理水は二〇二二〜二〇二四年には一三七万トンに達する見込みで、タンクの設置場所も、そこまでは確保しています。ただ、それ以上に

木野正登
経済産業省資源エネルギー庁参事官。東京大学工学部卒業。2011年3月に政府の原子力災害現地対策本部広報班長として福島に着任

なると、双葉町側には構内で出た他の廃棄物（がれきなど）も置くため、敷地面積が限界を超えます。

——昨夏の公聴会では、「地上保管を続けるべきだ」という意見が出ていました（注2）。例えば敷地を新たに東京電力が購入すれば、物理的には可能なのでしょうか。

木野　福島第一原発のすぐ外は、中間貯蔵施設（除染に伴い発生した土や廃棄物を、最終処分までの間、安全に貯蔵するための施設）のエリアです。このエリアの住民の方々には「原発周辺地域の除染で出た廃棄物を置くため」という条件で、土地をご提供いただいております。もし「廃炉作業（原発構内の作業）で出た処理水を置くため」という目的で土地を使用するとなれば、改めて、土地提供の枠組みを変更させていただかなくてはならず、その話し合いは簡単なものではありません。

——今後、使用済み核燃料の取り出しも行われる計画がされています。燃料の一時保管スペースは、高台に確保できるのでしょうか。

木野　まず、原発構内には使用済み核燃料（長さ四m）が一万二〇〇〇本ほどあります。今後は、一〜三号機の使用済み核燃料を取り出します。建屋内のプールに保管されている五、六号機の使用済み核燃料も、いずれは建屋から移動させなければなりません。また、一〜三号機の燃料デブリの解析や処理、保管などの作業の際、取り出した燃料デブリを、いったんどこかに置く必要もあります。

　再度大きな地震や津波が来ると想定した場合、使用済み核燃料の保管やデブリ処理作業を行う場所は、建屋のある海抜八・五mのエリアよりは、高台エリア（海抜三五m）の方がリスクは低いと考えられます。

　一方で、高台はタンクやALPSなどの設備でいっぱいになっています。この先、廃炉を安全かつ着実に進めていくためには、どうして

多田順一郎

NPO法人放射線安全フォーラム理事。筑波大学卒業。聖マリアンナ医科大学、筑波大学、高輝度光科学研究センター、理化学研究所横浜研究所を経て現職。伊達市除染アドバイザーも務めた

もタンクに貯蔵された処理水を何らかのかたちで処分し、高台にスペースを確保する必要があります。

また、「再処理施設」にも、使用済み核燃料受入れの基準があります（注3）。例えば、使用済み核燃料が放射性セシウムなどで汚染されていれば、受け入れられません。取り出した後、除染し、再処理施設で再処理できるようなかたちにできればよいのですが。

多田　使用済み核燃料は、プールから移動させるときにも専用の遮蔽《しゃへい》容器に入れて輸送する必要があるほど、非常に強い放射線を出しています。リスク管理の観点からは、使用済み核燃料は、燃料プールの中に置いたままにしておくよりも、一定程度冷やした後に乾式容器に入れた上で保管することがよいとされています。

乾式容器も永久にもつわけではありませんが、少なくとも、使用済み核燃料の最終的な処分の道筋が立つまでは、原発の敷地内で一時保管することになりそうですね。

■処理水「五つの処分法」

——処理水に含まれるトリチウムについて、資源エネルギー庁はトリチウムタスクフォース（処理水の処分法の技術的検討を行う組織）を立ち上げました（注4）。トリチウムタスクフォースは、五つの処分法をあげて検討しました（169頁参照）。

木野　もう一つ、「トリチウムを分離して処理する」という処分法も公聴会ではあがりました。近畿大学の技術で、一時間あたり三・五gの処理水を分離処理できるというものです。ただこの処分法ですと、処分の速度が処理水の増加量（一〇〇〜二〇〇㎥／日）を下回ってしまい、貯蔵の限界になるまでに処分が間に合わなくなるので、その点に困難があるかもしれません。

多田　トリチウム水は水と同じ性質ですから、化学的に分離することはできません。さらに、処理水中のトリチウムの濃度は非常に薄いため、「濃縮してすべて除去する」という作業は

注1：東京電力ホームページ「処理水ポータルサイト」
[https://www.tepco.co.jp/decommission/progress/watertreatment/ (2021年1月10日閲覧)]

注2：経済産業省ホームページ「多種核除去設備等処理水の取扱いに係る説明・公聴会」
[https://www.meti.go.jp/earthquake/nuclear/osensuitaisaku/committtee/takakusyu/setsumei-kochokai.html

注3：再処理施設とは、使用済み核燃料から再利用できるウランとプルトニウムを取り出す作業を行う施設のこと

注4：経済産業省ホームページ「トリチウム水タスクフォース報告書について」
[https://www.meti.go.jp/earthquake/nuclear/osensuitaisaku/committtee/tritium_tusk/20160603_01.html (2021年1月10日閲覧)]

いずれにせよ簡単ではないでしょう。

木野　時間にも費用にも、あまり余裕はありません。タンクの建設費用は、一基あたり一億円を超えます。土台や工事の費用などを含めれば、さらに掛かります。

処分できる速度や水の量などを鑑みて、最適な処分法を検討する必要があります。「海洋放出」以外の前例が多くないとはいえ、トリチウムタスクフォースが検討した五通りの処理法はいずれも原理的には実現可能なものです。

多田　時間と費用の観点からいえば、「海洋放出」が最も現実的だと考えられます。

トリチウム水を蒸発させて、大気中に放出したり、電気分解や逆浸透を多段階に繰り返したりするためには、膨大な量のエネルギーが必要です。

「地中埋設」の場合、大量のトリチウム水を、何十年も漏らさずに保管し続ける必要があります。そのための巨大で耐久性のある容器をたくさんつくらなくてはなりません。この費用や技術は大変なものでしょう。

また、「地層への圧入」では、まず、圧入したトリチウム水を保持できる地層を探す必要がありますし、やはり大きなエネルギーが必要になります。これらのエネルギーは、別のところでつくらなければなりません。

タンクの建設費用も、これらの処分に掛かる費用も、大きなものです。そもそも環境に放出しても住環境や人々の健康に影響のない量のトリチウムを処理するための費用です。これは、首都圏の住民が電気代として負担することになります。

海外のトリチウム排出で健康影響が観測されたことはない

――「トリチウムについての基本的な情報が十分に伝わっていない」「処理水の問題そのものが国民に認識されていない」という指摘があります。

木野　トリチウムの出す放射線のエネルギー

は、放射性セシウムの七〇〇分の一程度です。体内に取り込んでも、水では一〇日、食べ物では四〇日ほどで排出されます（注5）。

通常、トリチウムはもともと、水に四〇〇Bq／tほど含まれているものでもあります（海水中では一〇〇Bq／t）。私たちの体にも数十Bqほど含まれています。しかし、こういったトリチウムの基本的な性質を、国民全体にはほぼ伝えられていません（注6）。

――海外の原子力施設では、トリチウムをどのように処分しているのでしょうか。

木野　海洋への排出が主流です。世界の原発は、PWR（加圧水型軽水炉）が大多数です。PWRでは、原子炉の出力の制御にホウ素を使います。トリチウムは、ホウ素に中性子が当たったときに発生します。このため、トリチウムの発生については、PWRの方がBWR（沸騰水型軽水炉。福島第一原発はこのタイプ）よりも多くなります。また、海外の核燃料再処理施設では、現在も年間一京Bq以上のトリチウムを排出しています（次頁図1）。

――トリチウムが排出されている海外の原子力施設周辺で、環境や健康への影響が出たという報告はありますか。

木野　福島県でトリチウムの問題が議論されるようになったタイミングで、「カナダのオンタリオ湖の周辺で、トリチウム排出による環境影響が出た可能性がある」という噂が出ました。しかし、特に何か科学的な根拠があるというような情報ではありません。

日本だけではなく、世界各地で、トリチウムの排出がある施設周辺では、生物や環境に影響が出ないかどうか、モニタリングを行っています。しかし、これまでトリチウムを排出する施設の周辺で生物や環境に何らかの影響が検証された例はありません。

「住民の住環境にも健康にも決して影響が出ない濃度で処分を行う」ということは、絶対に

注5：経済産業省資源エネルギー庁ホームページ「安全・安心を第一に取り組む、福島の“汚染水”対策③トリチウムと「被ばく」を考える」
［https://www.enecho.meti.go.jp/about/special/johoteikyo/osensuitaisaku03.html（2021年1月10日閲覧）］

注6：経済産業省資源エネルギー庁ホームページ「安全・安心を第一に取り組む、福島の“汚染水”対策②「トリチウム」とはいったい何？」
［https://www.enecho.meti.go.jp/about/special/johoteikyo/osensuitaisaku02.html（2021年1月10日閲覧）］

守らなければならない大前提です。

多田　実験室で、トリチウムからの生物への影響を動物で観察する場合、大量のトリチウムを、エサや飲み水、静脈注射などで投与します。実験室と実世界の環境中とで、生物が放射性物質を取り込む量は、まったくレベルが異なるものです。

■基準を「その場の空気」でないがしろにするリスク

——トリチウムを放出する法定基準値は六万Bq／Lですが、実際には現在サブドレン（建屋周辺の井戸）、地下水バイパス（一～四号機を避け、直接海に流れるようにした地下水）からの放出は、一五〇〇Bq／L以下の濃度で運用されています。

多田　トリチウム排出の日本の法定基準が設定された根拠に立ち返ることが重要です。

　日本の排水中の放射性物質の濃度基準は、「その濃度の水を、一年間毎日二L飲み続けると、

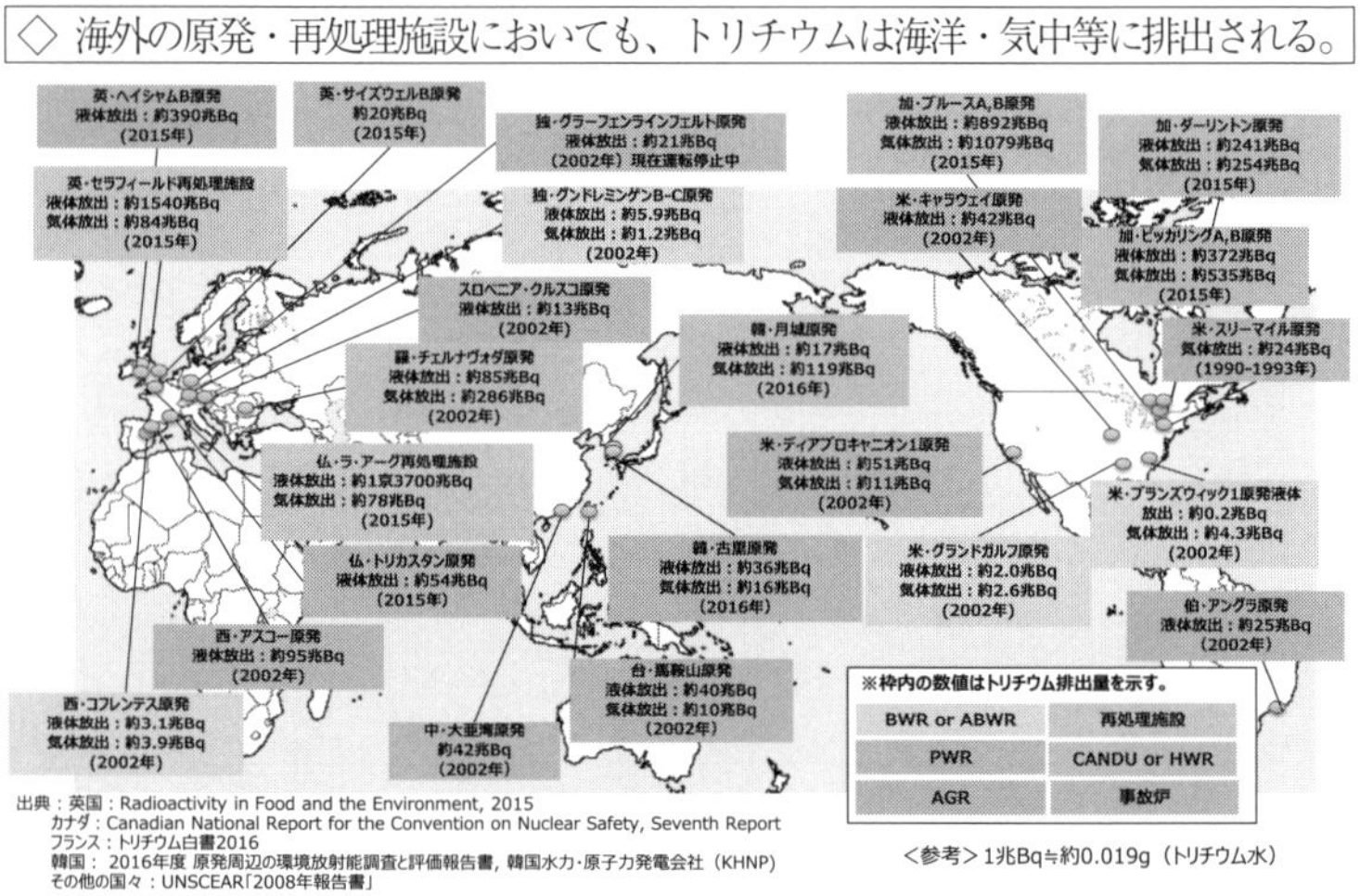

図1：世界の原子力発電所等からのトリチウム年間排出量

出典：経済産業省「多核種除去設備等処理水の取扱いに関する小委員会　説明・公聴会の説明資料」[https://www.meti.go.jp/earthquake/nuclear/osensuitaisaku/committtee/takakusyu/pdf/HPup3rd/5siryo.pdf (2021年1月10日閲覧)]

内部被ばくが年間一mSvになる」という数値を根拠にしています。このように過大な摂取のシナリオに基づいても、十分安全側に定められた基準です。東京電力の現在の自主的な運用目標は、この日本の法定基準のさらに四〇分の一に過ぎません。

科学的な根拠に基づいて定められた基準を、大衆迎合的にないがしろにすれば、住民の方々にかえって不安や不信感を与えかねません。このことは、原発事故後の食品における放射能濃度基準のケースでも端的に表れました。

「仮に市場に流通する食品の五〇%が放射性物質に汚染されているとすれば」という前提が、福島県で実施された食品測定の結果から桁違いに乖離していたことが明らかになりました。それにもかかわらず、現実に即して基準を見直そうとしなかった結果、「法定基準値一〇〇Bq／kgでも安心できない」あるいは「不検出でなければ安心できない」という不安や不信感を、県内外の人々に与えた側面があります。

――タンク内のトリチウムの濃度はどのくらいなのでしょうか。

木野　タンク内のトリチウムの濃度は、タンクによって幅がありますが、低いもので三〇万、高いもので二〇〇万ぐらい、平均すると一〇〇万Bq／L前後です。現状、トリチウムの処分方法そのものが決まっていない段階ですので、海洋放出ありきの具体的な濃度基準やその薄め方などの議論はしていません。

――もし、地下水バイパスやサブドレンのように、一五〇〇Bq／L以下で海洋放出をするとしたら、放出にはどのくらいの時間が掛かりますか。

木野　まず、タンク内のトリチウム水を薄めるための時間が掛かります。仮にタンク内が平均一〇〇万Bq／Lとして、一五〇〇Bq／L以下のトリチウム水にするためには、約一〇〇〇倍に希釈しなければなりません。

もし海水と混ぜて希釈するならば、まず大きな池をつくり、海水を引いて処理水を薄めながら放出するという手法も考えられます。もしくは、五、六号機の海水ポンプなどで水を汲み上げて、そこに流量を調整した処理水を混ぜた上で放出するなどのやり方もあるかもしれませんが、いずれにしろ処分方法を決めていないので、具体的に検討しているわけではありません。

■汚染水処理の当初の目的は「海洋放出」ではなかった

――昨年（二〇一八年）、「タンクの中にトリチウム以外の放射性物質がある」という報道がありました。仮に海洋放出するとすれば、トリチウム以外の放射性物質も処理し直すのでしょうか。

木野　どの放射性物質も、希釈して法定基準値を超えないようにすれば、環境や健康への影響はありません。ただ、そのような科学的な安全のためではなく、住民の方々に安心していただくために、「タンク内の水を再度ＡＬＰＳで処理」→「トリチウム以外の放射能濃度を極力低くした処理水にする」→「さらにそれを希釈する」という段階を経ることは可能です。ただし、時間はその分長く掛かることにはなります。

多田　処理水に含まれる放射性物質の濃度限度に対する比を足し合わせて、一を下回れば、法的に問題はありません。なお、現在タンク内に残るトリチウム以外の放射性物質は、そもそも濃度が低いので、分離は容易ではありません。単にＡＬＰＳをゆっくり通すのではなく、例えばヨウ素一二九であれば、いったん、非放射性のヨウ素などを添加して、一緒に取り除くなどの手順も必要になるでしょう。

――「タンク内にトリチウム以外の放射性物質もある」ということそのものは、昨年の報道の前から、資料では公開されていました。継続的に話し合いに参加されている住民や漁業協同組合連合会などの方々からは、「以前から知っていた」とも伺います。

木野 これまでのタンク内の処理水についての話し合いは、「化学的には除去できないトリチウムを含む水の処分方法について」がメインテーマでした。もちろん資料として公開はしておりましたが、議論の俎上に乗ることはありませんでした。一般の皆さんがご存知ないのは当然のことだと思います。情報伝達の不足は否めません。

――なぜ、化学的には除去が可能なトリチウム以外の放射性物質を、はじめから完全に除去する処理をしなかったのでしょうか。

木野 そもそも、「海洋放出」を前提として長期的な視野に立った汚染水の処理をしていなかったという背景があります。汚染水処理の目的は、当初「原発敷地内外の境界（敷地境界）の線量を下げること」でした。

原発事故当初、原子力規制委員会から、「敷地境界年間一ｍSvを達成」という要求がありました。当時、敷地境界は年間一〇ｍSv程度の線量がありました。このうち、圧倒的に多くを占めていたのは、汚染水を入れたタンクからの線量でした。ですから、敷地境界の線量を下げるために、まずは汚染水を浄化する必要がありました。

このときには、放射性セシウムやストロンチウムなどの主要な放射性物質を取り除きました。後に放出を考えての濃度基準ではありません。とにかくタンクからの線量を下げるための処理です。結果として、敷地境界の線量年間一ｍSvを達成することができました。

「国民的議論の不足」という課題

――処理水最大のステークホルダー（利害関係者）は福島県内の漁業関係者の方々でしょうか。

木野 現在、処理水の処分方法が決まっていない段階ですので、それに伴うステークホルダーも確定していません。

もし処分方法が「海洋放出」と決まった場合、

最大のステークホルダーは漁業関係者となります。もし大気中に放出するとなれば、漁業関係者に加えて農家の方々などもステークホルダーとなります。福島県産の農産物が、ようやく回復の兆しが見えてきたところでもありますので、実際に環境や健康へのリスクがなくとも、再度の風評被害を懸念される生産者もいらっしゃるかもしれません（表1）。

——これまでにも、野崎哲氏（福島県漁連会長）からは「国民的議論の不足」というコメントがありました。県外、首都圏などの消費者の意識や理解度についてはどのようにお考えでしょうか。

木野　野崎会長からは、「私たち漁業者がどんなに理解しても、消費者が納得しなきゃ魚は買ってくれないでしょう」と再三ご意見をいただいております。我々も啓発活動を少しずつ始めてはいるものの、県外や首都圏の消費者の納得感や問題意識の共有を得るには至っておりません。

	環境中への放出経路		
	地層注入・地下埋設（地下水経由）	海洋放出（海水経由）	水蒸気放出・水素放出（待機経由）
社会的影響を 直接与えうる地域	福島第一原発近郊	周辺地域	周辺地域全体
社会的影響を 直接与えうる対象	農林水産品・観光	水産品・観光	全産品・観光
処分等が完了するまでの 期間	処分終了後もモニタリングが必要な可能性あり	処分開始から終了時まで	処分開始から終了時まで

※海洋放出、水蒸気放出、水素放出については海外への影響も考慮する必要がある

表 1：処理水処分法による社会的影響

出典：経済産業省「多核種除去設備等処理水の取扱いに関する小委員会　説明・公聴会の説明資料」より作成
［https://www.meti.go.jp/earthquake/nuclear/osensuitaisaku/committtee/takakusyu/pdf/HPup3rd/5siryo.pdf (2021 月 1 月 10 日閲覧)］

福島県では、県漁連のほか、地元自治体、商工会連合会、地元の消費者団体、社会福祉協議会やPTAなどの代表の方々とのコミュニケーションをはかる場として、「福島県原子力発電所の廃炉に関する安全確保県民会議」が定期的に開かれています。この会議の様子から、双方向コミュニケーションを継続的にとることができれば、課題共有はしやすいようです。

しかし、処理水の問題は専門性も高く、県外や首都圏には積極的に関心を持ち続けてくださる方が少ないのが現状です。私個人としては、引き続き地元でのコミュニケーションを、少しずつでも継続していきたいと考えています。

※二〇二一年四月一三日、政府は処分の方針を海洋放出と決定した。

基礎知識⑤

処理水処分について考えるために

ここまで、原発事故による周辺地域への影響について、知っておきたい基礎知識を整理してきた。最後に、福島第一原発廃炉について、今、考えたい課題である処理水の処分についての基礎知識を整理する。処理水の処分問題のうち、特に大きな懸念事項の一つは風評被害である。この課題に関しては、生産地の福島だけの問題ではなく、消費者としての私たち国民全員が問題の当事者であることを記しておきたい。

■世界各国のトリチウムの規制値

ここでいう処理水とは、複数の放射性物質を多く含む汚染水を「多核種除去設備（ALPS）」などを使って処理した後の水のことである。この処理水には、ALPSを使っても除去できない放射性物質であるトリチウムが含まれる（注1）。トリチウムは、世界中の原子力施設から放出されているため、規制値がある。

国際的なトリチウム濃度規制値の根拠は、公衆の年間被ばく線量を1mSvとするICRPの勧告である。ただし、機関や国ごとに、具体的なトリチウム濃度の規制値を決める際の考え方が異なるため、実際の規制値も異なる。

(1)　飲料水の規制値

オーストラリアは、トリチウムの飲料水中の濃度を七万六一〇三Bq／Lとしている。これは、国際機関や各国が設ける規制値のうち、最も高いもので、「この水を一年間毎日二L飲んだ場合の被ばく線量を一mSvとする」という

注1：なお、トリチウム以外の核種について、環境放出の際の規制基準を満たす水を、特に「ALPS処理水」という

想定に基づいて単純計算した値である。

WHOは、トリチウムの飲料水中の濃度を一万Bq／Lとしている。このトリチウム濃度の水を一年間毎日二L飲み続けた場合の被ばく線量は〇・一三mSvと推計される。一mSvを大きく下回る。WHOの規制値は、飲料水がトリチウム以外の放射性物質を含むことを想定している。また、大人と子供で放射線に対する感受性が違うことも考慮している。

日本では、飲料水に関するトリチウムの濃度の規制値は設定されていない。その代わりに、排水中のトリチウムの濃度を設定している。

(2) 排水の規制値

日本では、排水中のトリチウムの濃度は六万Bq／Lとされている。トリチウムを環境中に排水すると、他の水と混ざって濃度が薄まるため、この規制値は、「排水直後（環境中で薄まる前）の濃度」として定められている。

日本のトリチウムの排水中の濃度は、「〇～七〇歳までの七〇年間毎日二L飲み続ける」という想定で計算されたものである。この想定は、オーストラリアの飲料水（七万六一〇三Bq／L）と同じだが、日本では、一生ではなく、七〇年間の期間で考えるため、結果の値が異なる。

アメリカのトリチウムの濃度は、飲料水中と排水中とで異なる値で規制されている。飲料水は排水の五〇倍厳しく設定されている。飲料水は「人が飲む」ことを前提とし、排水は「その水をそのまま人が飲む」という前提ではないためである。

福島第一原発では、地下水バイパスやサブドレンなどを使い、地下水を海に排水している。東京電力は、この排水中のトリチウムの濃度の運用目標を、一五〇〇Bq／Lと定め、必ずこれを下回るように管理している。

■福島第一原発の処理水放出による被ばく影響はあるのか?

福島第一原発から出る汚染水を処理した水に

は、トリチウムなどの放射性物質が含まれている。トリチウムは放射性セシウムなどに比べて、人体への影響がとても小さい。

もしこの処理水を実際に環境中に放出した場合、周辺住民への健康影響はあるのだろうか。

経済産業省は、福島第一原発の処理水を、海洋あるいは大気で放出した場合の、周辺住民の被ばく線量の推計結果を公表している（注2）。

二〇一六年、処理水の処分について技術的な検討をする「トリチウム水タスクフォース」が、五つの処分方法を提案した。このうち、「海洋放出」と「水蒸気放出」は、過去に国内外で実績がある。他の三手法については、実績がなく、比較するための適切なモデルがないなどの理由で、影響を計算することが難しく、推計は行われていない。

海洋放出と水蒸気放出についての推計は、UNSCEARの評価モデルに基づいて行われた。海洋放出は、砂浜で受ける外部被ばくと、海洋生物を食べた際の内部被ばくを合計した。水蒸気放出は、大気・土壌から受ける外部被ばくと、呼吸や陸生生物を食べた際の内部被ばくを合計した。

処理水に含まれるトリチウム総量は、約八六〇兆Bqと推計されている。処理水にはトリチウム以外の放射性物質も含まれている。これについては、実際に原発構内のあるエリア（「K4エリア」と呼ばれる）のタンク内の実測値から計算した。

この結果、一年間ですべての処理水を放出した場合、海洋放出による影響は、年間約〇・〇五二〜〇・六二μSvであることがわかった。また、一年間ですべての処理水を水蒸気放出した場合、年間約一・三μSvだった。

この数値は、原発事故と関係なく自然界に存在している放射性物質による被ばく（年間約二一〇〇μSv　二・一mSv）と比べると、非常に小さい値である。「その分が上乗せされる」という心配の声もあるが、当然、自然界からの放射線被ばくは二一〇〇μSvちょうどというわけではなく、毎年多少の幅があるので、その誤差の幅に収まる程度の値であるといえる。また、

注2：第15回「多核種除去設備等処理水の取扱いに関する小委員会」

もし福島第一原発の処理水を環境中へ放出するとしても、一年間ですべてを放出することはないと考えられる。その場合、被ばく線量はさらに小さくなる。

福島第一原発の処理水を海洋放出あるいは水蒸気放出した場合、原発周辺に住む人々などへの健康影響が出ることは考えられない。

処理水の処分方法

福島第一原発の敷地の地中を流れる地下水は、原子炉建屋やタービン建屋などの地下へ流入している。建屋内には、事故以降、さまざまな種類の放射性物質を高濃度に含む汚染水がたまっている。流入した地下水がこの汚染水と混ざることで、汚染水の量は増加する。

汚染水は多核種除去設備（ALPS）などを用いて浄化している。ALPSでは、六二種類の放射性物質を除去できる。

ALPSで唯一除去できずに残る放射性物質がトリチウムである。トリチウムは（主に水分子の中の水素原子が一つトリチウムに置き換わった）トリチウム水として存在している。ALPSによって浄化された水は、浄化処理が終わったという意味で「処理水」と呼ばれる（注3）。

この処理水の処分方法に関して、これまでどのような検討がなされてきたのかをまとめる。汚染水処理の大きな方針は、東京電力だけではなく、経済産業省が二つの有識者会合を立ち上げて議論を進めてきた。

会合の一つ目は「トリチウム水タスクフォース」である。タスクフォースは、二〇一三年一二月から一六年五月まで一五回の会合を開き、処理水の処分方法を検討した。タスクフォースの役割は、処分方法としてどのような選択肢があるのかについて技術的検討を行い、それぞれの選択肢のメリットとデメリットをまとめることであった。

二〇一六年六月、タスクフォースは報告書を公表した。報告書によると、「地層注入」「海洋放出」「水蒸気放出」「水素放出」「地下埋設」の五つの処分方法について、処分に要する期間

注3：処理水は、2020年5月現在約121万トンに達する
経済産業省ホームページ「ALPS処理水について（福島第一原子力発電所の廃炉対策」［https://www.meti.go.jp/earthquake/nuclear/osensuitaisaku/pdf/2020/20200701a1.pdf］

や費用を計算している。処分期間は最短で五年二ヵ月間、最長で一三年間。処分に掛かる費用は最低一七億円、最高三九七六億円と大きな違いがあるという。五つの処分方法のうち、「海洋放出」は費用が最も少なく、処分期間が最も短い。

タスクフォースは、技術的な検討を行った。実際の処分方法を決めるためには、技術面だけではなく、幅広い視点からの検討が必要となる。例えば、社会的影響として、風評被害の懸念があげられることが多い。

経済産業省は二〇一六年一一月に「多核種除去設備等処理水の取扱いに関する小委員会」(以下、小委員会)という二つ目の会合を立ち上げた。

小委員会がタスクフォースと異なる点は、複数の社会科学系の専門家やジャーナリストをメンバーに加えた点である。小委員会は二〇一六年一一月から一七年一〇月まで計六回の会合を開いた。

この会合で、風評被害の懸念などについて議論が行われた。広く国民の声を聞くとして、福島県や東京都内で説明・公聴会を開いた。

説明・公聴会では、タスクフォース報告書で有力な選択肢とされた海洋放出に関して、反対する意見が多く出た。また、報告書にはなかった「タンクでの長期保管」の可否も議論された。

タンクでの長期保管は、実際に実現可能な案なのだろうか。

経済産業省によると、二〇二〇年五月二一日時点の処理数の保管総量は約一二一万トンで、約一〇〇〇基のタンクで保管している。現在、一日あたり約一七〇トンの汚染水が新たに発生しており、汚染水浄化後の処理水も日々増加している。東京電力の計画によれば、タンク増設により二〇二〇年一二月末までに約一三七万トンを保管できるとされる。

また、処理水の増加量は、現在の約一七〇トンから約一五〇トンに減るものの、増加を止めることはできないため、二〇二二年夏頃には満杯になる。

では、タンクが満杯になるのを防ぐため、計画を上回るタンク増設は可能なのだろうか。

福島第一原発の敷地内には、利用可能なスペースがある。ただし、そのスペースには、今後の廃炉作業で必要となる施設をつくらなければならない。

東京電力が今後建設の必要な施設をリストアップしている。施設リストは、使用済み核燃料や燃料デブリの一時保管施設など計一二種類に及ぶ。利用可能なスペースはこれらの施設建設で使うため、タンク増設に使える場所は少ない。計画を大幅に超えるタンク増設は厳しいだろう。

では、敷地外にタンクを設置することはできるのだろうか。

敷地外にタンクを設置するのであれば、自治体や地権者の了解が必要となる。福島第一原発の周りで整備が進む中間貯蔵施設の敷地を活用する案もあった。しかし、中間貯蔵施設は、「除染土の一時保管のため」として、地権者の理解を得て進めてきた経緯がある。

二〇二〇年八月一五日の読売新聞（福島地域面）で、中間貯蔵施設の建つ双葉町、大熊町の両首長がインタビューに応じている。伊沢町長は「用途変更はあり得ない。復興のために土地を提供してくれた町民への裏切りだ」と語り、吉田町長は「地上権をもつ住民はいずれ戻るつもりでいる。そこにタンクが立っていることは許されない」と語った。

敷地外に処理水を移送するのはどうだろう。大阪湾に、また南鳥島にという案を提示する政治家もいる。

まずは移送中の事故のリスクを考慮しなければならない。移送リスクを下げるために水を薄めるとすれば、今度は大量の水の輸送が必要となる。陸上で大量の水をすべて安全に運ぶこともまた難しい。

以上見てきたように、処理水の長期保管は簡単ではない。

■漁業関係者は処理水の海洋放出に反対「せざるを得ない」

処理水を福島県沖で海洋放出する場合、最大のステークホルダーは福島の漁師である。このため、福島県漁業協同組合連合会（県漁連）は、処理水の処分に関する議論で注目されやすい。最後に、県漁連の立場を過去の資料から考察してみたい。

県漁連が、福島第一原発構内からの排水に関して、意見を表明したことが過去に二度あった。

一度目は、原子炉建屋に流れ込む前の地下水を海へ放出する（地下水バイパス）計画の際である。原子炉建屋には、放射性物質を多く含む高濃度汚染水がたまっている。地下水が建屋に流入すると、汚染水の総量は増加してしまう。そこで、原子炉建屋よりも高い位置で地下水を採取し、汚染水の増加を防ぐという計画を立てた。この計画では、汚染水に触れていない地下水を採取して、海に放出する。県漁連は、国と東京電力に「第三者による監視」や「風評被害に伴う損害賠償の堅持」などの要望を出した。

二度目は、原子炉建屋周辺の井戸（サブドレン）で汲み上げた地下水を、浄化した後に海に流すという計画の際である。サブドレンで汲み上げる地下水も、建屋内の高濃度汚染水には触れていない。ただし、サブドレンは地下水バイパスよりも原子炉建屋の近くにあるため、原発事故の際原子炉建屋周辺に飛び散った放射性物質をわずかに含む。そのため、浄化処理をした上で、海に放出する。この計画でも、県漁連の意見は注目を集めた。地下水バイパスとサブドレンの運用状況を確認するため、県漁連は、国や東京電力から説明を受けたり、関係者が同原発構内を視察したりしている。

日本では、原発構内からの排水中のトリチウムの濃度基準は六万Bq／Lである。現在、サブドレンで汲み上げた地下水などを浄化して残るトリチウムについては、基準よりはるかに低い一五〇〇Bq／L以下で海洋放出が行われている。

今回の処理水の処分に関して、県漁連の野崎哲会長がたびたび意見を表明している。

野崎会長は、海洋放出が風評被害を惹起《じゃっき》するのは必至であるとした。この場合の「風評被害」とは、福島県沖で採れた魚が危険であると誤解され、売れ行きや価格の低下などの経済的影響を及ぼすことを指す。

風評被害を懸念する理由として、会長は「国民のトリチウムに関する理解の欠如」をあげている。以下、二〇一八年に開かれた経産省小委員会の説明・公聴会における野崎会長の意見表明資料から抜粋した。

「国はトリチウムの安全性を強調するが、そもそも一般人が放射性物質に関する情報に接するようになったのは、原発事故が契機であり、未だ十分な知識を有していない」

「放射性物質についての性質や特徴、危険性について、正しく国民に認識されているとは言えない」

「仮に一〇〇〇兆ベクレルもの大規模海洋放出となれば、その数値の大きさだけが先行し国内外で混乱を来す」

「トリチウムの性質についての科学的な知識が十分に浸透していないために、消費者が、誤った認識にもとづいて福島の魚を買うのを避けるのではないか」（以上）

一部で「福島県の漁業関係者が反対している ために、処理水の海洋放出が進まない」という主張がある。公聴会で表明された意見を見る限り、県漁連は「処理水に含まれるトリチウムが実際に福島県の魚に影響を及ぼすのではないか」と心配して反対しているのではなさそうだ。放出されるトリチウムの放射能濃度が、実際には魚に何ら影響を与えるものではないことがわかっていても、風評被害が懸念される状況であれば、消費者に魚を売る県漁連の立場としては、海洋放出に賛成することは難しい。

野崎会長はこのとき、「広く国民へトリチウム発生のメカニズム、危険性を説明し、取扱いに係る国民的議論を尽くし」てほしいとも強調した。国民全体に正しい認識が浸透するためには、国や東京電力がトリチウムについての知識普及に努めるほか、マスメディアがトリチウムについての科学的な事実を正しく伝えることも必要だろう。

※甲状腺がんに関する基礎知識や現在の福島での県民調査の状況は、下記にまとめられている。

・甲状腺がん　基礎知識［国立がん研究センター　がん情報サービス］
（https://ganjoho.jp/public/［二〇二一年四月二三日閲覧］）

・福島県「県民健康調査」とは［福島県立医科大学放射線医学県民健康管理センター］
（https://fukushima-mimamori.jp/outline/［二〇二一年四月二三日閲覧］）

おわりに

原発事故後の福島県で、子供を育てる母親たちに出会った。家事育児に忙殺される彼女らが、ふと不安に駆られたとき、簡単にアクセスできる情報源が欲しかった。しかし、当時、まとまってわかりやすい情報源はなかった。

情報は、大きく二つに分けられる。科学的事実に基づく情報と、政治的な立場に基づく情報である。政治的な目的を持つ情報には、それに触れた人の意志決定に影響しようとする意図が含まれている。スローガンがわかりやすい。単純で、誰にでもわかる筋道が立てられ、結論も明快だ。

一方の科学的事実に基づく情報は、専門的な前提知識がなければ理解しにくい。結論も断定的ではなく、どこか煮え切らない。ツイッターなどのＳＮＳでは、前者の情報が爆発的に拡散される。

政治的な意図をもって「利用される」のは、福島の住民のかけがえのない生活そのものである。耐えられなかった。

福島の住民のために、地道に調査・解析をし、「住民の苦労をなかったことにしたくない」と語る医師の声を聞いた。福島の住民の幸せに寄与できないのであれば「何のための放射線防護ですか」と問う科学者の声を聞いた。この声を届けたいと思った。

本書で触れた甲状腺検査の問題は、高度に専門的である。大津留晶先生、緑川早苗先生、髙野徹先生をはじめ、福島の甲状腺検査にみずから携わり、あるいは専門家として心を寄せてくださった先生方の御教授がなければ、書き進めることはできなかった。

検査の現場の前線に立ち続けた緑川先生、大津留先生が、『みちしるべ―福島県「甲状腺検査」の疑問と不安に応えるために』（二〇二〇）という本を出版されている。現場の生の声が聞こえる。甲状腺検査について知るため最良の書である。ぜひ、お手に取っていただきたい。

（https://www.poff-jp.com/）

科学者の先生方は、「福島の母親に説明したい」と訴える無名のフリーライターの突然の打診に、長時間にわたり、真剣に応えてくださった。原発事故後の福島における放射線の健康影響を巡っては、さまざまな意見や立場がある。県の専門家委員会の委員が、「大炎上」したこともある。私のインタビューを受けてくださった方が批判されることも少なくない。書き手の拙さのせいもあろう。しかし、それらのリスクを知ってなお、インタビューに応じてくださった先生方に、心から感謝する。本書収録の各記事に、もし欠陥があるとすれば、すべて著者一人の責任である。

難解な論文を、素人同然の私にレクチャーしてくださった先生方に、心より感謝する。特に、村上道夫先生には、感謝してもしきれない。

本書の元となった「福島レポート」（http://fukushima-report.jp/）は、原発事故後のありのままの福島を伝えるために、原子力関係の企業に資金源を頼ることは一切なかった。手弁当で、論文を購入し、海外に取材する必要があった。個人的な利益の見込まれない活動を支援し続けてくださる方々に、心から感謝している。

取材と執筆を続けてわかったことがある。家事育児、仕事で忙殺される一般の福島の住民に、毎回の県民健康調査検討委員会やシンポジウムに通い、英語の論文を片端から読み漁るようなことはとてもできないということだ。私は、彼ら・彼女らの代わりに読み、傍聴しているつもりでいた。そして彼ら・彼女らが忙しい日常の片手間で読めるように、できるだけかみ砕いて報告し続けた。福島の住民を孤独にしたくないという思いをともにし、記事を掲載し続けてくれたＳＹＮＯＤＯＳの芹沢一也氏に、深い敬意を表する。

福島県で、私を受け入れ、一生胸に刻むべき教えを授けてくださった方々が大勢いる。飯舘村の木で建てたログハウスで迎えてくださる菅野クニさん、全村避難の最後に村を出、最初に帰って村民を迎えた井出茂さん、我が子を思う一心で力を尽くしたすべての親、生業を立て直そうと奔走した方々、住民が安心して生活できる空間を取り戻そうと日々働いた方々、あげればきりがない。

野島伸司脚本の「明日、ママがいない」というＴＶドラマがあった。辛い体験をした子供たちに掛けられた言葉がある。

「君たちは傷つけられたんじゃない。磨かれたんだ」

真珠貝は、砂粒に傷つけられた貝の皮膚が粒を包み込み、真珠をつくるという。震災と津波、原発事故、風評、数々の傷を抱いて包み込み、生きてゆく。福島で出会う人の胸の奥に、私はいつも美しい真珠を見ていた。

二〇二一年六月

服部　美咲

2020年夜ノ森駅前

著者紹介
服部 美咲（はっとり みさき）
慶應義塾大学卒。フリーライター。主に医療に関するサイエンスライティングを専門とする。2016年以降は、専門家やジャーナリストによる信頼性の高い知識・情報の提供を目的としたウェブメディア「SYNODOS」を中心に科学コミュニケーションに関する記事を執筆。2018年からは、同メディアにて、福島に住む人々の暮らしを伝える部門「福島レポート」の編集長を務める。

東京電力福島第一原発事故から10年の知見
復興する福島の科学と倫理

令和3年6月20日 発 行

著作者 服 部 美 咲

発行者 池 田 和 博

発行所 丸善出版株式会社

〒101-0051 東京都千代田区神田神保町二丁目17番
編集：電話(03)3512-3267／FAX(03)3512-3272
営業：電話(03)3512-3256／FAX(03)3512-3270
https://www.maruzen-publishing.co.jp

組版印刷・製本／三美印刷株式会社

ISBN978-4-621-30626-0 C0036 Printed in Japan